이슬람 문화와 신중동 콘텐츠로 보는

사우디는 지금

Saudi Arabia is Now

이슬람 문화와 신중동 콘텐츠로 보는

사우디는 지금

저　　자 ｜ 김유림
초 판 발 행 ｜ 2023년 10월 23일
발 행 인 ｜ 문상필
표지디자인 ｜ 이태진
편집디자인 ｜ 권태궁, 이태진
펴 낸 곳 ｜ 후이엔터 주식회사
등 록 번 호 ｜ 제2023-000085호
주　　소 ｜ 서울시 금천구 가산디지털1로 5,
　　　　　　대륭테크로타운 20차 20층 2016호(가산동)
이 메 일 ｜ hooeeent@naver.com
전　　화 ｜ 02-2164-3840

가격 18,000원
ISBN 979-11-984958-0-8 (13300)

ⓒ 2023. 김유림 저작권은 저자에게 있습니다. 저자와 합의해 인지는 생략합니다.
＊ 잘못 만들어진 책은 구입하신 서점에서 교환해 드립니다.
　　Printed in KOREA

이슬람 문화와 신중동 콘텐츠로 보는

사우디는 지금

서 문

우리는 근 몇 년 동안 코로나19를 비롯하여 지구온난화 등 급변하는 세계적 흐름의 변화와 국제 정세의 불안정을 겪고 있다. 심지어 우크라이나 전쟁의 장기화로 인해 식량, 에너지를 비롯한 다양한 산업 분야에 있어 어려움마저 더해지는 상황이다. 대한민국의 경우 미·중 패권 전쟁의 한복판에 놓여있기도 한데, 최근의 이러한 변화는 반도체, 배터리 등 첨단 산업에도 막대한 영향을 줄 뿐만 아니라, 이 또한 장기화할 것으로 예측되는 상황에 놓여있다.

지금 이렇게 국제 경제와 정세에 관해 이야기하는 이유는, 대한민국은 수출을 해야 존속되는 국가이며 대한민국 경제 구조는 당연히 글로벌 정세에도 많은 영향을 받을 수밖에 없기 때문이다. 이에, 대한민국은 수출 드라이브 정책과 타깃 시장을 설정하여 신중하게 준비해야 한다.

이 책은 현재의 혼란한 국제 정세 속에서 대한민국이 가야 할 방향을 제시하고자 시작되었다. 내가 많은 경험을 해왔고, 사업가인 나를 잘 활용해주는 '지금의 중동'은 '지금의 대한민국' 주요 교역의 시장이자 협력 파트너이다. 이제 대한민국 경제의 미래를 중동에서 찾아보자.

이슬람 권역을 놓고 보자면, 전 세계 70억 인구 중 약 12억이 이 권역에 해당하므로 6명 중 1명은 중동 권역과 연관되어 있다고 해도 과언이 아니다. 중동에 관심이 없는 독자라 하더라도 전 세계의 6분의 1을 차지하는 권역이기에 글로벌 시대를 살아가는 일원으로서 반드시 이해해야 하는, 교류할 기회가 많은 지역이라 말할 수 있다.

중동 권역을 이야기한다면 빠뜨릴 수 없는 것이 무슬림이다. 무슬림은 이슬람을 믿는 사람들을 지칭하는데, 특히 중동 대부분 국가가 '정교일치' 즉, 정치와 종교가 일치되는 국가이다 보니 종교에 관해 이야기할 수밖에 없다.

수많은 무슬림 국가 중에서, 책에서 우선하여 다루고자 하는 곳은 신(新)중동을 이끌어가고 있는 GCC(Gulf Cooperation Council) 국가이다. GCC(Gulf Cooperation Council)는 걸프 연합 국가의 경제 협력체인데, 회원국으로는 사우디아라비아, 쿠웨이트, 아랍에미리트, 카타르, 오만, 바레인이다. 모두 대한민국과 비즈니스나 협업을 같이해 볼 만한 국가들이다.

이 책에서는 GCC 국가 중에서도 무슬림 국가의 중심 중 하나라 할 수 있는 사우디아라비아를 비롯해 경제와 마케팅의 중심 아랍에미리트, 최근 메가 이벤트 2020 카타르월드컵을 치른 카타르를 중점적으로 다뤄보고자 한다.

지금, 이 시각에도 중동은 그야말로 급변하고 있다. 2023년 현시점의 기록이지만, 저자가 바로 이 글을 쓰고 있는 이 시간에도 급속히 변화하고 있을 것이다. 모쪼록 오늘의 이 기록이 내일의 새로운 중동 진출을 희망하는 분들, 중동의 현재를 이해하는 데, 조금이라도 도움이 되면 좋겠다는 바람이다.

요즘 들어 많이 거론되는 '문화 존중'이라는 말은 중동 국가를 대할 때 특히 많이 쓰게 된다. 그만큼 그들만의 고유한 종교, 문화, 습성이 강력하게 존재하기 때문일 것이다. 성공적인 중동 비즈니스를 위해 늘 끊임없는 연구와 기록이 필요하다. 사소한 경험이라도 좋다. 함께 공유하고 기록하자.

중동은 자료가 많지 않다 보니 산업 현장에서 직접 발로 뛰어가며 사람들을 찾고 만나고 기록했다. 그 과정에서 만난 사우디아라비아 투자부(MISA)의 Head of country를 맡고 있는 Nuha A.Alhashash와, 아랍에미리트 Al Fajer Group에서 다양한 산업 정보를 제공해준 Fadi Allaham, 사우디아라비아 대사관, 아랍에미리트 대사관과 총영사관, 카타르 대사관에 감사를 전한다.

특히, 기록과 경험을 함께한 넥스페어 X ㈜넥스나인 (nex9.co.kr)의 켈리와 유라를 비롯한 넥스 동료들에게도 진심으로 고마움을 전하고 싶다. '신중동'에 대해 함께 공부하고 경험하는 여정이야말로, 인생에 있어 재미있고 의미 있는 도전이리라.

끝으로, 대한민국 중소벤처 기업의 글로벌화를 위해 세계의 문을 열어주고 계신 이영 중소벤처기업부 장관님, 사우디아라비아와 대한민국을 연결해 주고 계신 박준용 주사우디아라비아 대사님, 창업자 육성을 위해 애써주고 계신 김용문 창업진흥원 원장님께 깊은 감사를 드린다. 빈번한 해외 출장 때마다 기도해 주시는 부모님의 깊은 사랑은 내게 있어, 무엇이든 도전할 수 있는 용기의 원천이다.

추천의 글

중동이 빠르게 변하고 있다. 강력한 오일머니 중심의 전통적 경제에서 벗어나 포스트오일 시대의 새로운 질서를 선도하고 있는 중동.

그 변화의 중심에는 중동 최대 경제국이자 3,400만 인구 중 절반이 25살 미만인 나라, 사우디아라비아가 있다.

사우디는 이미 세계 최대 수소 수출국을 목표로 하는 동시에 첨단 미래 도시, 친환경 스마트 신도시 "네옴시티" 프로젝트로 세계를 들썩이게 하고 있다. 작년 말 무함마드 빈 살만 왕세자가 방한하면서 제2의 중동 붐에 대한 기대감도 커졌다.

중소벤처기업부 역시 「무조건 글로벌」을 모토로 중동, 미국, 유럽을 거점 삼아 우리나라 중소기업, 스타트업의 해외 진출에 정책적 역량을 집중하고 있다.

저자 김유림 대표는 손에 꼽히는 중동 전문가이다.

무려 20년간 중동 곳곳을 돌아다니면서 수많은 중소벤처기업을 지원해왔다. 그가 몸소 부딪히고 경험한 모든 시간들을 이 한 권의 책에 고스란히 녹였다.

그 소중한 기록들이 중동을 이해하고자 하는 많은 분들께 스며들어 중동 진출이라는 기회로 열매 맺게 될 것이라 확신한다.

중소벤처기업부 장관 이영

많은 한국인이 사우디아라비아에 대해 어느 정도는 알고 있다고 생각하지만, 지금은 선입견이거나 옛이야기에 불과한 경우가 많다. 나도 그런 사람 중의 하나였음을 2021년 6월 리야드에 부임하고 나서 깨달았다.

현지에서 오랫동안 살아온 한국인들은 2017년의 사우디아라비아와 그 이후의 사우디아라비아가 비교조차 할 수 없도록 큰 차이를 보여준다고 말한다. 이러한 변화는 각 분야에서 일어났고, 갈수록 축적되고 새로게 변화하여 사우디아라비아를 더욱 다른 모습으로 바꿔가고 있다. 2035년이 되면 사우디는 어떤 삶의 터전이 되어 있을까? 지금 사우디 젊은이들은 대부분 이러한 상상으로 설레고 있는 것 같다.

사우디아라비아의 변화는 국내뿐 아니라 대외정책에서도 크게 변했다. 2년여 전부터 사우디 정부는 작게는 40여 년 불편했던 인접국과의 관계를 바꾸었고, 크게는 약 80년간 유지되던 지역 안보 구도도 바꾸고 있다. 2035년이 되면 사우디는 글로벌 지정학에서 어떤 위상을 차지하고 있을지, 현재 지구상의 강대국들은 중동 정세의 변화에 큰 주목을 하고 있다.

2015년 파리기후변화 협정 이후 가속화되고 있는 에너지 전환은 사우디아라비아에게 과연 도전일까? 기회일까? 혹시 사우디아라비아가 석유 판매로 살아가는 나라이니 기후 변화에 대한 대응에 소극적일 것으로 오해하고 있지는 않을까? 사우디 사람들은 이것이 분명히 위기임을 인정하면서 동시에 사우디아라비아를 탈바꿈시킬 기회로도 보고 분투 중이다.

1962년에 수교하여 1973년부터 실질 관계를 시작한 한국과 사우디아라비아의 관계에도 작년부터 새로운 장이 열리고 있다. 사우디인들은 한국을 고마웠던 나라를 넘어 필요불가결한 파트너로 보게 되었고, 한국은 사우디아라비아를 석유 공급국이자 건설 프로젝트 발주국을 넘어 다방면에서의 블루오션으로 보게 되었다.

블루오션에 나아가는 배의 항로에 위험이 없을 수는 없겠지만, 현장을 관찰하고 맥을 찾고 때를 고르면 기회는 최대화될 것이다. 꼼꼼한 저자가 정성을 들여 지은 이 책이 그러한 작업을 해 나가려는 많은 사람들에게 큰 도움이 될 것으로 믿는다.

주 사우디아라비아 대한민국 대사 박준용

우리에게 중동은 '산유국'이라는 이미지로 깊게 인식되어 있다. 하지만 최근 중동은 탈석유 시대를 준비하기 위해, 새로운 분야를 창출해 나가며 빠른 경제 다각화를 시도하고 있다.

그중 하나가 바로 창업이다.

아랍에미리트(UAE)는 지난해 'Entrepreneurial Nation 2.0'을 발표하며 대규모 정부-민간 협력체계를 구축하고 있으며, 사우디아라비아는 2016년 발표한 'Vision 2030' 중장기 계획의 일환으로 중소기업청을 설립하고 기술혁신과 창업 활성화를 위해 다양한 프로그램을 운영하고 있다.

이러한 중동의 변화에, 글로벌 시장을 겨냥한 한국의 창업 생태계도 발 빠르게 움직이고 있다. 일례로 올해 3월, 사우디아라비아에서 개최된 중동 최대의 스타트업 행사 'BIBAN 2023'에 참가한 한국 스타트업이 경쟁부문 1, 2위를 휩쓸며 중동 시장에 이름을 알렸다. 또한, UAE와 '중소기업 및 혁신 분야 협력에 관한 양해각서'를 체결하고, 두바이에 글로벌비즈니스센터(GBC)를 개소하는 등 중동과의 협력을 강화해 가고 있다.

본 도서에는 저자 김유림 대표가 글로벌 마케팅 기업을 운영하며, 다년간의 중동 지역 활동을 통해 얻은 경험들이 곳곳에 녹아 있다. 저자의 생생한 체험담을 읽는 동안, 독자들은 어느새 중동의 문화, 산업, 정책 등 전반에 대한 이해가 한층 높아지게 될 것이다.

세계 경제에서 중동의 위상이 높아지고 있는 지금, 저자가 전하는 소중한 경험이 '제2의 중동 붐'을 이끌어 가는 큰 힘이 되어줄 것이라 믿는다.

창업진흥원장 김용문

목 차

Ⅰ. 이슬람 문화와 신(新)중동 ······ 12
1. 이슬람 전통의상 '아바야' ······ 14
2. 마음을 전하는 방법 '아랍 커피' ······ 17
3. '라마단' 그들의 시간은 다르게 흐른다 ······ 21
4. 신중동의 '소프트파워' ······ 23
5. 떠오르는 신중동 'IT' 시장 ······ 27
6. 신중동 'NFT' 시장 ······ 31
7. 중동 음악 플랫폼 '앙가미' ······ 33
8. 중동 인기 게임 '검은 사막' ······ 36
9. 중동에서 꽃피우는 대한민국 '콘텐츠' ······ 40

Ⅱ. 사우디는 지금 ······ 44
1. 사우디 비전 2030 ······ 46
2. 사우디 경제와 산업 그리고 관광 ······ 49
3. 사우디 문화와 예술 ······ 53
   4. 사우디 주요 베뉴와 전시 트렌드 ······ 59
5. 네옴시티 (NEOM City) ······ 64
6. 사우디 국영 석유 기업 '아람코' ······ 70
7. 사우디 최초 혼성 대학 '킹압둘라 과학기술대학교' ······ 73
8. 사우디 공공투자기금 PIF ······ 77
9. 사우디 국기의 날 (Flag Day) ······ 80
10. 사우디 스포츠 ······ 84

11. 2029 동계아시안게임 ··· 87
   12. e-Sports 강국을 꿈꾸는 나라 사우디 ······················· 89
   13. 호날두와 Al-Nassr FC ··· 93

Ⅲ. GCC의 강자들 ··· 96

   1. 아랍에미리트 ·· 98
      1) 플랜 아부다비 ·· 99
      2) 탄소 제로, 마스다르 시티 ···································· 104
      3) 중동 아프리카 최초의 엑스포, 2020 두바이 엑스포 ······ 107
      4) 친환경 국가를 꿈꾸는 COP 28 ··························· 114
      5) 두바이와 관광산업 ·· 117

   2. 카타르 ·· 121
      1) 카타르 산업과 관광 ·· 122
      2) 2022 FIFA 카타르 월드컵 ································· 126
      3) 카타르와 스타트업 ·· 130
      4) 카타르 국영 방송 알자지라 ································ 135
      5) 중동 최초의 로봇 축구대회 ································ 138

Ⅳ. 콘텐츠로 본 중동 ··· 142

   1. 영화 '듄'과 현재의 중동 ·· 144
   2. 일부다처제를 다룬 영화 '샌드스톰' ····················· 147
   3. 시리아 난민 수영선수들의 도전을 다룬 영화 '더스위머스' ······ 149
   4. 사우디아라비아 왕세자의 빅픽처 '현지인 브리핑, 지금 우리 나라는' 151
   5. 사우디 출장자를 위한 영화 ·································· 158

Ⅰ. 이슬람 문화와 신(新)중동

이슬람 문화에 대한 서적들은 많이 있다. 그러나 대부분 이슬람 경전, 민족, 역사, 정치와 관련된 책들이 많은 편이지 이슬람 문화와 현재의 '신(新)중동'을 다룬 것은 별로 없다.

무엇부터 다뤄야 할까 무척 고민했지만, 독자들의 이해를 돕기 위해 '지금의 이슬람' 문화와 신(新)중동을 나타내는 현상을 주제별 9가지로 묶어봤다.

사람이 살아가는데 가장 필요한 의식주의 근간인 그들의 전통의상 '아바야', 그리고 술을 마시지 않는 대신 그들의 문화에 더욱 중요한 '아랍 커피', 그들의 '시간'에 대한 개념 '라마단', 밀레니엄 세대들이 열광하는 산업 분야 신중동의 '소프트파워' 그리고 대한민국과 밀접한 관계가 있는 'IT', 'NFT', '음악', '게임', '한류 콘텐츠' 등을 담았다.

실제 이슬람 권역에서 현지인들을 만날 때면, 많은 젊은 친구들이 다가와서 한국 노래를 부르거나 한국어로 인사를 건넨다. 심지어 화장실에서 만난 여학생들은 K-POP 댄스를 추며, 먼저 말을 건네며 다가오기도 한다. 과거에는 상상할 수 없는 엄청난 일이지만 현재의 이슬람 권역에서는 실제로 일어나고 있는 일이다.

그들이 지금 대한민국에 열광하는 것은 아시아의 낯선 국가에 대한 소소한 관심에서 시작되었을 것이다. 우리도 그들의 문화에 대해 작은 관심을 두고 이해를 하기 시작한다면 더 깊이 빠져들 수 있을 것이라 확신한다.

1. 이슬람 전통의상 '아바야'

이슬람 전통의상 하면 가장 먼저 생각나는 것이 '히잡'일 것이다.
이슬람 경전에 여성의 복장에 관한 규정이 나오는데, 33장 59절에 있는 내용이다.

"아내와 딸에게 베일을 쓰게 하라. 외출할 때 하라. 그렇게 함으로써 가족을 보호하라."

[베일을 쓴 여인의 그림]
⇦ 국가와 도시 나이에 따라 베일이 조금씩 다를 수가 있는데, 대체로 검은색을 사용하는 편이고, 일부 국가에서는 다른 컬러를 사용하기도 한다. 다만, 동물 문양 등의 패턴은 피하는 편이다.

이슬람 문화 관련 특강을 할 때면 자주 드는 질문이다.
"왜 국가마다 복장이 다른가요?"
이유는, 이 구절에 대해 국가마다 해석이 다르기 때문이다. 국가마다 보수의 척도에 따라 히잡, 차도르, 니캅, 부르카 등 다양한 형태의 전통의상이 존재한다. 우리가 흔히 알고 있는 히잡은 머리만 덮는 것으로, 디자인이 굉장히 다양한데 화려하고 예쁜 것도 많이 나온다. 아바야(차도르)는 사우디에서 주로 입는 의상으로 얼굴, 손발을 제외하고 모두 가리는 것이다.

니캅부터는 좀 더 보수적이다. 아바야를 입은 채로 눈을 제외한 얼굴 전체를 가리는 가리개를 포함한 것이 니캅이다. 부르카는 그 눈마저 가리는 의상이며 눈 부위는 망사로 덮여있다. 이것은 이슬람 국가 중에서도 보수적인 국가인 아프가니스탄 등에서 입고, 다른 이슬람 국가에서도 연배가 있는 세대들이 주로 착용하는 경우가 많다.

[이슬람 전통복장을 입고 있는 젊은이들]
⇧ 한국식 손 하트 포즈 촬영과 K-POP 댄스에 열광한다.

이란으로 출장을 갔을 때의 일이다. 이란은 외국인에게도 전통복장을 강요하는 국가 중 하나라 출장 중 계속 히잡을 쓰고 다녔다. 직접 써보고 생활하다 보니 너무 답답하고 땀도 많이 났는데, 온종일 착용한다는 것을 생각한다면 이슬람 의상을 제작할 때는 반드시 방오(사막의 먼지는 끈적한 경우가 많아, 많이 달라붙기 때문), 통풍, 환기성 등이 매우 중요하다는 생각이 들었다.

실제로 중동 지역에서 피부암으로 고통받는 환자들이 많이 있다고 하니, 하루 종일 온몸을 휘감는 복장의 특성상 첨단 기능의 옷감이 절대적으로 필요하다.

이슬람 전통 패션 시장도 점점 커지고 있다. 로이터 통신에 따르면 무슬림이 소비하는 글로벌 패션 금액이 2022년 무려 3,730억 달러(한화 약 428조)에 이른다. 돌체앤가바나, 오스카드라렌타, 생로랑 등 글로벌 패션 브랜드들이 무슬림 여성 의상을 디자인하고 있는데, 이슬람 전통의상의 가격도 몇만 원에서부터 비싸게는 몇억 원까지도 가기도 한다.

사실 중동은 여성들만 있을 때면, 그들의 의상은 상상 이상의 화려함을 보여준다. 중동 현지 파트너사 회장님 가족 결혼식에 참석한 적이 있는데, 의상이 정말 찬란하고 아름다웠다. 결혼식 드레스를 대부분 대여하여 입는 한국과는 달리 중동은 구매하는 것이 보편화 되어 있다. 실제 중동 현지 여성들의 옷장을 열어보면 파티 때 입는 드레스부터 일상복, 운동복 등 다양한 의복이 가득한 것을 확인할 수 있다.

보자. 사우디아라비아, 아랍에미리트 등 아라비안 반도, 파키스탄, 이라크, 이란 등 아랍권 남성들의 전통의상은 토브(Thawb, thobe, tobe, kameez 등 불리는 이름이 많음)라고 하는데 팔과 다리를 모두 감싸주는 전통의상이다. 보통 쿠피야(keffiyeh)라고 하는 머리에 쓰는 스카프 그리고 그걸 눌러주는 링인 아갈(agal)과 함께 착용한다.

이러한 문화를 대한민국과 연결 지어 보자면, 대한민국의 패션 소재와 협업하면 좋을 것이다. 특히, 온종일 척박한 환경에서 착용해도 쾌적한 기능성 원단, 무더운 날씨에도 견딜 수 있는 쿨링 소재, 끈적거리는 사막 먼지가 잘 묻지 않는 방오 소재를 활용하고, 또 한복의 아름다운 선과 감성을 가미한 콜라보레이션도 아주 괜찮다.

2. 마음을 전하는 방법 '아랍커피'

아랍 사회에서 커피를 대접한다는 것은 환대를 표시하는 가장 중요한 과정이자 마음속의 너그러움을 표현하는 의식과 같은 행위로 여겨진다. 특히, 이슬람 율법상 술은 엄격하게 금기되어 있기에 아랍 커피, 담배 등에는 매우 관대한 하나의 문화인 셈이다.

아랍 커피(까흐와 아라비야)는 아라비카 커피콩으로 만드는 아랍식 커피다. 아라비카 콩은 Coffea arabica 라는 식물에서 나오며 최초의 재배된 커피 종으로 알려져 있다. 아라비카 원두는 전 세계 커피 생산량의 약 60%를 차지한다. 아랍 커피는 주로 카다멈(Cardamome, 생강과에 속하는 향료 작물로 인도 말라바르 연안이 원산지)을 함께 넣어서 만드는데, 만약 카다멈을 넣지 않았다면 '플레인 커피(plain coffee)'라는 뜻의 '카흐와 사다'라 부르기도 한다.

아랍 커피를 따를 때는 부리가 기다란 금속제의 주전자에서 손잡이가 없는 작은 컵에 따른다. 이러한 금속제 커피 주전자는 16세기 초반에 처음 등장했고, '달라(Dallah)'라고 한다. 손잡이가 없는 작은 컵은 '핀잔(Finjan)'인데, 보통 커피와 함께 대추야자나 견과 등을 곁들여 먹는다.
실제 사우디아라비아 투자부(MISA)의 기념품도 이런 핀잔 세트일 정도로 매우 중요한 도구이자 문화라 할 수 있다.

[사우디아라비아 스타트업 행사 비반(BIBAN) 기념품]
⇧ 스위츠(Sweets)가 중동에서 즐겨 먹는 간식이다. Have a 'Sweet' Day라고 한 중동식 문구가 위트있다.

앞서 언급했듯이 아랍 사회에서 환대를 표시하는 가장 중요한 수단이 바로 '아랍 커피'를 대접하는 것이다. 이는 수 세기 동안 이어져 내려온 아랍 사회의 오래된 전통이어서 커피를 대접하는 것은 곧 마음과 정성, 너그러움을 표현하는 일종의 의식과도 같은 행위로 여겨진다.

아랍에미리트에서 가장 널리 통용되는 화폐 1디르함(1디르함 약 300원)에도 커피 주전자 달라(Dallah)가 새겨져 있을 정도로 아랍문화에서 커피가 차지하는 중요성은 남다르다.

아랍 커피는 커피를 준비하고 대접하는 과정에서 지켜지는 오래된 전통이 몇 가지 있다. 우선, 아랍 커피를 제조하는 방법은 전통적으로 다음과 같다. (유네스코 참조)

커피는 주로 예멘산의 녹색 원두 콩을 가공하여 만든다. 전통적으로 손님맞이에서 커피의 준비는 손님이 보는 앞에서 직접 한다. 커피 원두를 평평한 철제 팬 위에 놓고, 팬을 불 위에서 올려놓고 살짝 볶아낸다. 끝이 둥근 작은 철제 도구를 이용해서 커피 원두가 타지 않도록 간혹 저어준다. 볶아진 콩을 구리로 만든 절구(al-hown)에 넣고 구리로 만든 절굿공이로 빻는다. 이렇게 준비한 커피 가루는 커다란 구리 커피 주전자 (dallah al-logmah)에 넣고 물과 함께 불 위에서 끓인다. 한번 끓여 거품이 오른 커피는 더 작은 커피 주전자(dallah al-mzal)에 옮겨 담은 후 작은 잔(finjan)에 따라 손님에게 대접한다. 아랍 커피는 그 맛이 약간 쓴데 때로는 카르다몸(cardamom)과 같은 향신료를 섞어 먹기도 한다. 흔히 데이트(date, 대추야자)와 함께 내놓는다.

위 방식대로 끓인 커피는 커다란 주전자에서 작은 커피 주전자로 옮겨 담는데, 알 무카흐위(al-muqahwi, 커피를 따라주는 사람)는 커피를 대접할 때에는 주전자 손잡이를 왼손으로 잡고, 오른손으로는 여러 개의 핀잔을 겹쳐서 잡고 있다가 가장 중요하거나 연장자인 손님을 우선 대접한다.

그 다음, 알 무카흐위 자신의 오른쪽에 앉은 사람부터 순서대로 대접한다. 이때 중요한 점은 처음 커피를 따를 때 우선 잔의 1/4가량을 채우는 것이다. 또한, 손님의 입장에서는 커피를 최소 한 잔 이상 마시는 것이 예의이고 석 잔을 넘지 않는 것이 일반적인 관례이다. 커피가 다 끓여졌다는 표시로서 핀잔들을 서로 부딪쳐 소리를 내기도 하고, 커피를 충분히 마셨음을 표시할 때에는 핀잔을 좌우로 흔들기도 한다.

설령 방문한 손님과 논쟁을 하는 경우에도 전통이 존중되는 편인데, 논쟁거리가 있는 상황에서 만나더라도 손님은 커피잔을 받되, 자신의 옆에 놓아둔다. 논쟁이 어느 정도 해결되었다면 그 신호로써 주인이 손님에게 커피를 함께 마실 것을 권한다. 아랍문화에서는 아랍 커피가 담긴 핀잔을 아예 받지 않는 것은 주인에 대한 심각한 모욕이기 때문에 절대 주의해야 한다.

최근 젊은 세대에서는 비교적 이러한 전통을 따르지 않는 것에 관대한 편이지만 일반적으로 이 전통을 지키지 않으면 손님을 무시하거나 반기지 않는 것으로 해석될 수 있으므로 따르는 것이 중요하다. 이처럼 오랜 역사와 전통을 가진 아랍 커피는 2015년 유네스코 세계유산으로 등재되기도 했다.

⇦ 중동 대부분의 정부 기관에서는 미팅을 시작하기 전 아랍 커피를 제공한다. 미팅 중에는 간단한 스위츠나 데이츠를 제공하는 경우가 많고, 국제 업무를 많이 하는 곳에서는 서양식 커피를 준비해 두기도 한다.

아랍 커피와 관련된 4개 국가 아랍에미리트, 사우디, 오만과 카타르는 아랍 커피에 관한 교육 방법을 발전시키고 각종 관련 문화 프로그램을 만들며 전통을 이어가고 있다. 앞서 소개한 커피 주전자 달라(Dallah)는 4개 국가에서 흔히 찾아볼 수 있는 대표적인 장식품이자 수공예품이며, 기업들도 자주 만드는 굿즈이기도 하다.

　이들 국가에서는 많은 호텔이 관광객에게 아랍 커피를 제공하고 있고, 학교에서는 학생들에게 커피를 끓이고 제공하는 방법을 가르치는 방과 후 활동 및 아랍 커피 전문 워크숍과 축제 등이 이루어진다. 또한, 젊은 세대에게도 아랍 커피 문화를 전수하기 위해 아랍 커피 경연 대회를 열고, 커피의 전통을 소개하는 책들이 다수 출간되었다.

　아랍에미리트 아부다비의 유명 요리 프로그램인 '사라리드 쿠루드(Sarareed Khulood)'에서 아랍 커피를 소개하기도 했다. 사우디와 카타르에서도 여러 TV 프로그램과 각종 미디어를 통해 쉽게 아랍 커피의 전통과 문화를 접할 수 있다.

　이처럼, 문화를 존중한다는 것은 그들의 삶에 대해 깊이 이해한다는 뜻이다. 'KOREA-아랍에미리트 K-POP Festival'을 준비하면서 가장 중요하게 다뤘던 콘텐츠가 양국의 공통문화인, 차 문화이기도 했다. 한국의 다도를 알려주고, 또 아랍에미리트의 아랍 커피에 대해 알려주는 방식이었는데, 무척 반응이 좋았다.

유튜브 링크: https://www.youtube.com/watch?v=LYJrQVsi4GQ

　우리 문화에 대해 세계에 알리는 것은 매우 중요하지만, 상대국에 대한 문화 존중은 그 이상으로 중요하다. 진정한 친구는 자기 이야기만 하지 않는다. 상대방의 이야기도 진심 어리게 경청해야 진짜 친구인 것이다.

3. '라마단' 그들의 시간은 다르게 흐른다.

이슬람에 관해 관심이 없는 사람이라 하더라도, 라마단이라는 단어는 들어봤을 것이다.

그렇다면 라마단은 무엇일까? 라마단은 이슬람력으로 아홉 번째 달(9월)을 가리킨다. 예언자 무함마드가 천사 가브리엘로부터 신의 계시를 받은 달이기 때문에 무슬림에게 라마단 달은 가장 성스러운 달이라고 할 수 있다.

이슬람력은 음력과 같이 달의 움직임을 기준으로 하는데, 이슬람력에서 한 달은 29~30일이며 과거에는 사람이 직접 눈으로 초승달을 확인해서 날짜를 계산했지만, 현대에는 천체 망원경으로 초승달을 확인한다.

이슬람력은 윤달이 없어서 태양을 기준으로 하는 현대의 서양식 달력과 비교했을 때 10일 정도 짧다. 따라서 매년 라마단은 대략 열흘씩 앞당겨져서 시작하게 된다.

[아랍에미리트 아부다비의 셰이크 자이드 그랜드 모스크]
⇧ 82개의 흰색 돔이 있는 세계에서 가장 큰 모스크 중 하나로, 낮도 아름답지만, 야경이 무척 아름답다.

오늘날 무슬림 국가들은 인도네시아를 포함하여 모로코까지 지리적으로는 넓게 펼쳐져 있어서 국가별로 초승달 관측 시기가 달라 라마단 날짜가 조금 차이가 날 수 있지만, 사우디아라비아를 포함한 걸프협력회의(GCC) 국가의 무슬림들은 사우디의 최고사법평의회의 초승달 관측을 기준으로 라마단의 금식을 시작한다.

⇐ [그랜드 모스크 안으로 들어가는 길]
모든 여성 관광객에게 전통복장을 착용시켜, 중동 의복 문화를 체험하게 하는 동시에, 전통복장을 한 사람들 모습 자체가 또 다른 경관이 되고 있다.

우선 무슬림들은 라마단의 낮 동안 금식을 위해 해가 뜨기 전까지 간단한 아침 식사(suhoor, 또는 sehri)를 하고, 해가 뜬 이후에는 해가 질 때까지 금식하며 해가 완전히 진 이후에야 저녁 식사(iftar, 또는 fitoor)를 한다. 또한, 라마단 기간 중 무슬림들은 신 알라와 더욱 깊은 관계를 맺기 위해 주변 사람들과 어려운 이웃들에게 친절을 베풀고 자선을 한다. 음식뿐만 아니라 라마단 기간에는 흡연과 성행위 또한 금지되는데 이를 통해 무슬림 신자들에게 인내심과 자제력을 가르치고 소외된 사람들에게 시선을 향하게 하고자 한다.

금식 또한 신에 대한 순종을 나타내는 행위이다. 비(非)무슬림 입장에서 라마단의 단식이 비인간적이고 '박탈'의 시간으로 보일 수 있으나, 이는 무슬림에게 금식이 가져오는 영적 성찰과 공동체를 위한 시간의 가치를 간과한 것이다. 라마단 기간은 신자들이 오롯이 자신의 신앙에 집중하고 종교적인 방식으로 이웃과 연결되는 기간으로 존중되어야 한다.

4. 신(新)중동의 '소프트 파워'

이번에는 중동의 소프트파워에 관해 이야기를 해보자.

소프트파워(Soft Power) 또는 연성권력(軟性權力)은 미국의 정치학자 조세프 나이(Joseph Nye)가 고안한 개념으로, 상대방의 마음을 사로잡아 상대로부터 원하는 것을 얻어내는 영향력을 의미한다. 이는 군사력, 경제력과 같은 하드파워(Hard power, 경성권력)를 통해 상대를 위협하고 강제하는 힘과 대조되는 개념이라고 할 수 있다. 그는 2004년 저서 Soft Power를 통해 이 개념을 국제정치학적으로 더욱 발전시켰고, 오늘날 소프트파워는 국가 브랜드, 문화 관계, 공공외교 등 여러 개념으로 확장되며 그 중요성이 널리 인식되고 있다.

조세프 나이는 "20세기 국력이 강압적인 힘에 기반을 두었다면 21세기 국력은 '문화적 영향력'이라는 새로운 기준에 의해 형성된다."라고 말하며, 우리는 '문화의 시대'를 살아가고 있다고 강조한다. 소프트파워는 물리적인 강압이 아니라 상대 스스로 하여금 그렇게 행동하고 싶게 만드는 '매력'이 중요한데, 결국 국가의 마케팅과 브랜딩이 핵심이라고 할 수 있을 것이다.

중동 국가들에게 있어서 소프트파워는 그 중요성이 남다르다. 포스트 오일 시대를 대비하기 위해서는 소프트파워, 국제 사회에서 자국의 가치를 키워야 하기 때문이다.

사우디아라비아, 아랍에미리트, 카타르 등 중동의 많은 국가가 각각 국가 비전을 선포하며 소프트파워를 구축하고 국가브랜드 인지도를 높이기 위해 노력하고 있다. 외국인 관광객 및 투자 유치, 그리고 마이스(MICE) 산업 육성 또한 소프트파워 구축을 위한 주요한 일환이라 할 수 있을 것이다.

그런 의미에서 중동 국가의 선전은 눈에 띈다. 글로벌 소프트파워 지수(Global Soft Power Index)는 영국의 공신력 있는 브랜드평가 컨설팅 회사 Brand Finance에서 매년 전 세계 100개 이상의 시장에서 121개 국가 브랜드에 대한 인식을 측정하는 지표이다.

2023년 글로벌 소프트파워 지수에서 아랍에미리트가 중동 국가 최초로 세계 소프트파워 순위 10위 안에 진입했는데, 2020 두바이 엑스포와 같은 메가 이벤트를 치르면서 진화했다고 할 수 있다. 특히, 2023년 COP28 개최를 통해 지속가능성을 이야기하고, 두바이 엑스포 레거시를 적극적으로 활용해 수소충전소를 준비해가는 모습도 엑스포의 연장선으로 해석될 수 있다.

또, 2022 카타르 월드컵을 치른 카타르, 네옴시티를 비롯해 다양한 프로젝트를 준비하고 있는 사우디아라비아도 상위에 랭크되어 있는 것이 흥미롭다.

Brand Finance의 CEO인 David Haigh는 아랍에미리트가 이처럼 높은 순위로 등극할 수 있었던 이유는 "아랍에미리트가 코로나 팬데믹 기간 동안 대규모로 백신 접종을 시행하고 일찍 문을 열어 비즈니스 및 무역 분야에서 다른 국가보다 앞서 출발했고, 국내총생산(GDP) 대비 대외 원조를 가장 많이 제공하는 국가 중 하나이며, 세계에서 가장 관대한("recognised by the global general public, counting it among the world's most generous nations")국가 중 하나로 평가받기 때문"이라고 말했다.

(출처: Expo2020Dubai)

(출처: UAE COP28)

　위 사진에 나와 있는 2020 엑스포와 COP28 개최를 통해 알 수 있듯이 아랍에미리트는 국제 사회에 더욱 헌신하고 문화적 역량을 키워가는 국가로 이미지를 높이고자 노력하고 있다. 아랍에미리트는 걸프국가 중 가장 먼저 소프트파워를 구축한 선두주자로 평가받는데, 글로벌 금융 허브이자 최고의 관광 산업지로 일찍감치 두바이를 브랜딩하는 데에 성공했고, 아부다비에는 루브르 박물관등 다양한 문화예술 시설을 건립하고 각종 스포츠 행사 및 전시회를 개최하는 등 아랍에미리트의 문화 관광산업을 위한 노력은 여전히 현재 진행형이다.

　앞으로 아랍에미리트를 포함해 중동의 걸프국가들이 경제 다변화에 성공하여, 보여주기식에 그치지 않고 상대의 마음을 움직이는 매력을 갖춰 나갈지 귀

추가 주목된다.

　K-Culture를 앞세운 대한민국은 15위인데, 다양한 기술 문화융합의 시도로 더욱 분발해야 하는 시점이라 생각된다. 우리만의 소프트파워 매력을 끊임없이 만들어가는 방향을 모색하고, 세계와 어떻게 연결해 나갈지 많은 고민을 해 봐야 할 것이다.

5. 떠오르는 신중동 'IT' 시장

먼저 중동이 중요한 IT 시장이자 허브로 부상하고 있는 배경에는 중동의 평균 연령이 전 세계에서 가장 낮은 수준인 25세 이하이며, 따라서 대다수 인구가 신기술과 스마트 기기 사용에 적극적이라는 점을 들 수 있다.

또한, 2022년 기준 중동 국가의 IT 관련 예산의 규모는 총 133억 달러였다. 이는 2021년 대비 약 2%가 증가한 것이며, 특히 IT 서비스(9.6%)와 소프트웨어(8.0%) 부문 지출이 두드러진다.

중동 지역의 예상 성장 수치는 놀라운데, 2023년 전자상거래 (e-commerce) 부문의 예상 성장은 무려 3,080억 달러, 2027년까지 중동의 퍼블릭 클라우드 시장은 98억 달러에 이를 것으로 추정된다!

이처럼 성장세 전망이 가능한 것은, 중동에서는 국가 차원에서 교육, 물류, 헬스케어, 공공 영역 등 사실상 전 분야의 디지털 전환을 추진 중이기 때문이다.

또한, 중동 지역에서는 IT 산업과 관련된 국제 전시회 및 포럼 또한 매년 개최되고 있다. 국제 전시 등을 통해 IT 관련 최신 기술을 소개하고 자국의 IT 산업을 홍보하는 것인데, 대표적으로 아랍에미리트(GITEX)·이집트(Cairo ICT)·터키(Mobile Fest)·사우디(LEAP)를 꼽을 수 있다. 중동의 ICT 시장의 대표 국가는 사우디아라비아와 아랍에미리트라고 할 수 있겠다.

LEAP 홈페이지 https://www.onegiantleap.com/en/home.html

GITEX 홈페이지 https://www.gitex.com/

 사우디아라비아는 중동에서 가장 큰 IT 및 통신 시장을 보유하고 있다. 사우디 통신기술부(Saudi's Ministry of Communication and Technology)는 향후 현대적이고 견고한 가상 아키텍처를 만들고 국가의 기술 개발을 전폭적으로 지원하고자 2019년~2023년 ICT 전략을 도입했다. 사우디의 2022년 ICT 시장규모는 334억 3,000만 달러였고, 올해에는 5.6% 성장할 것으로 예상한다.

 Vision 2030과 네옴시티 등 정부 주도의 거대 프로젝트는 모두 ICT 시장을 기반으로 하고 있어서 앞으로 이 시장의 발전은 가속화될 것이다. 또한, 사우디 정부는 2030년까지 전 세계 AI 국가 순위 15위 진입을 목표로 지난 2020년 데이터·AI 국가 전략(National Strategy for Data & AI) 발표하기도 했다.

[2022 대한민국 ICT 융합엑스포를 찾아온 중동 바이어]
⇦ 대한민국의 다양한 IT 혁신 제품 및 기술에 관심이 많다. 아랍에미리트의 경우 공대 역사가 짧고 자체 기술 기반이 약하다 보니, 단순 제품 구매보다는 기술 제휴 및 사후 기술 교육 그리고 사후 마케팅 서비스 등의 장기 프로젝트 협업을 희망하는 경우가 많다.

 2017년에 아랍에미리트의 경우, 아랍에미리트 'AI 전략 2031(UAE Strategy for Artificial Intelligence 2031)'을 발표했다. 여기에는 다양한 산업에 AI 기술을 도입하여 최대 50% 비용을 절감하는 것을 목표로 하며 관련 법을 제정하는 등 AI 기업을 유치하고 육성하기 위한 기반을 마련하고 있다.

이 같은 노력을 기반으로 2021년 아랍에미리트의 AI 스타트업 투자 규모는 8억 2천만 달러로 전 세계 13위를 기록하는 등 상승세를 보이고 있다. 대표적인 예시로, 아랍에미리트는 AI 기술을 통해서 2030년까지 차량 25%를 자율주행으로 도입하는 계획을 현재 실행 중이다. 이외에도 2022년 7월에는 메타버스를 국가 중점 사업으로 선정하고, 9월에 '메타버스 경제본부'를 개설하며 대규모 투자를 진행하고 있다.

아랍에미리트 정부는 ICT 산업을 전문으로 하는 산업 클러스터 역할을 할 수 있는 두바이 인터넷 시티(1999년), 두바이 실리콘 오아시스(2005년) 자유 무역 지대를 설립해왔다. 산업 클러스터를 통해 강화되고 있는 아랍에미리트의 IT 분야는 다음과 같다.

- **클라우드 컴퓨팅 분야:** 아랍에미리트는 중동에서 가장 큰 데이터 센터 허브 중 하나이며, 2026년까지 최대 10억 달러의 추가 투자가 이루어질 예정이다.

- **사이버 보안 분야:** 아랍에미리트는 에너지, 석유와 가스, 항공 산업에 있어서 중요한 지정학적 위치에 놓여있으며, 그만큼 사이버 공격으로부터 산업을 안전하게 보호하고자 한다. 따라서 사이버 보안 시장 또한 아랍에미리트에서 매우 중요하게 급성장하고 있다.

- **AI 인공지능 분야:** AI는 2030년까지 국가 GDP의 약 14%(960억 달러)에 기여하는 역할을 할 것으로 예상한다. 아랍에미리트는 이미 교육, 의료, 우주, 운송 및 항공과 같은 산업에 AI 기술을 적용하고 있다.

중동에서는 수많은 분야에서 IT 기술이 적용되고 확장되고 있는 시점이다. 대한민국은 다양한 IT 분야를 비롯한 혁신 분야에서 많은 결과치를 내고 있다.

그동안 대한민국은 아이디어와 기술은 세계 수준이나 글로벌 마케팅에 있어 아쉬운 부분이 있어 왔다. 앞으로 중동 권역의 국가들과 좋은 협업 파트너가 된다면 세계로 도약할 기회를 얻을 것이다.

6. 신중동 'NFT'

대한민국에서도 NFT에 대한 관심은 매우 뜨거웠는데, 중동에서는 아랍에미리트가 가장 먼저 시작했다고 본다. 아랍에미리트는 2021년 11월 중동에서 최초의 NFT 우표 발행했다. 아랍에미리트는 암호화폐에 대해 호의적인 나라 중 하나인데, 국경일을 기념해 발행된 NFT 우표는 각기 다른 디자인의 국가 테마로 구성되어 총 4개의 우표가 발행되었다.

NFT 우표 / (출처: UAE Moments)

구매자는 카드에 인쇄된 QR 코드를 스캔한 후 구매한 실제 스탬프와 관련된 디지털 디자인을 볼 수 있다.

아랍에미리트는 블록체인 기술 및 디지털 자산에 대해 진보적인 태도를 취하고 있기 때문에 현지 기관이 암호화폐에 대해 친화적인 규정을 추진하고 있다. 2022년 9월 당국은 두바이 경제 자유 구역에서 암호화폐 거래 및 관련 활동을 지원하는 새로운 규제 프레임워크를 수립하기도 했다.

아랍에미리트는 규제 완화, 투자 규정 확립을 통해 NFT 사업을 적극적으로 유치하고 있다. 2021년 5월 두바이에서 암호화 및 블록체인 기술을 홍보하기 위해 DMCC Crypto Center가 출범했다. 현재 아랍에미리트에서는 400개 이상의 암호화 사업이 운영되고 있고, NFT의 구매, 판매 및 생성도 급증하고 있다.

아랍에미리트 국민 1004명을 대상으로 벌인 설문 조사에 따르면 아랍에미리트 국민의 23%가 NFT를 1개 이상 소유하고 있다. 전 세계의 NFT 소유 비율은 평균 11.7%인 것으로 나타났는데, 이는 평균을 훨씬 웃도는 수치이다! 아랍에미리트는 필리핀(32%), 태국(27%), 말레이시아(24%)에 이어 네 번째로 높은 순위인 셈이다. 아랍에미리트에서 'NFT'는 정말 핫 이슈 그 자체라고 해도 과언이 아니다.

한편, 두바이에서 중동 최초의 대규모 NFT 컬렉션도 열렸는데, The Bored Falcon initiative는 두바이, 마나마(Manama), 베이루트(Beirut) 및 다마스쿠스(Damascus) 전역의 예술가 그룹에 의해 만들어지고 추진된 NFT 전시회였다.

\전시회 링크: https://boredfalcon.com/

아랍에미리트 이외에도, 중동의 NFT에 대한 어젠다를 주도하고 있는 사우디아라비아는 NFT 아트 포럼을 처음으로 개최하기도 했다. 아트 경매회사 소더비와 사우디 문화부 시각예술위원회가 2022년 2월 25일부터 27일까지 제1회 디리야 비엔날레의 일환으로 3일간 디지털 아트 포럼을 개최한 것인데, 이를 통해 NFT에 대한 지역의 관심을 높이고 선도적인 모범 사례를 만드는 것을 목표로 하고 있다. 이것이 바로 앞으로 중동의 NFT 시장을 지속해서 주목해 볼 필요가 있는 이유다.

7. 중동 음악 플랫폼 '앙가미'

여러분들은 중동 음악을 들어본 적이 있는가? 그렇다면 지금 앙가미 앱을 깔아보자. 중동과 북아프리카 지역(MENA)에서 가장 많이 이용되는 대표적인 Top5 음악 스트리밍 플랫폼으로는 앙가미, 스포티파이, 애플뮤직, 디저, 유튜브 뮤직이 있다.

(출처: Anghami)

아랍어로 "나의 선율(My tunes)"이라는 뜻의 앙가미(Anghami, أنغامي)는 중동 및 북아프리카(MENA) 지역에서 최초로 실시된 합법적 음악 스트리밍 플랫폼이다. 중동, 북아프리카, 유럽 및 미국의 7천만 명 이상의 사용자가 아랍 및 글로벌 음악을 스트리밍하거나 다운받을 수 있으며, 아랍 및 국제 팟캐스트로도 사용할 수 있다.

앙가미는 엘리 하빕(Elie Habib)과 에디 마룬(Eddy Maroun)이 공동으로 2012년 11월 레바논 베이루트에 설립한 회사이다. 2021년에 앙가미는 ADGM(Abu Dhabi Global Market)의 일환으로 아랍에미리트의 아부다비로 본사를 이전하고 ADIO(Abu Dhabi Investment Office)의 지원을 받았다. 이와 관련해 블룸버그는 아랍에미리트의 "탈석유 경제 다변화를 위한 노력"이라며 "기술기업과 스타트업의 발전을 위한 성취"라고 보도한 바 있다.

앙가미는 사용자가 수백만 개의 국제 및 아랍 노래를 무료로 재생할 수 있는 프리미엄 서비스인데, 매월 약 10억 개의 뮤직 스트리밍과 5,700만 곡을 제공한다. 또한, Anghami Plus에 가입한 유료 사용자는 노래를 다운로드하고 음악을 오프라인으로 재생하고, 가사가 지원되며 원하는 모든 음악을 반복할 수 있는 다양한 기능에 액세스할 수 있다.

(출처: Anghami)

앙가미는 2021년 3월 Vistas Media Acquisition Company와 SPAC(Special Purpose Acquisition Company)의 합병을 통해 뉴욕 나스닥에 상장된 최초의 아랍 기술 회사가 되었다. 이때, 회사 가치는 2억 2천만 달러에서 2억 3천만 달러 사이였다.

또한, 앙가미는 인공지능을 기반으로 한 자체 음악 제작 플랫폼을 개발할 계획을 발표했다. 자사가 독점 보유한 사용자 데이터를 활용해 새로운 음악의 형식을 만들어내기 위해 2022년 음악 생성 플랫폼 업체인 뮤버트(Mubert)와 업무 제휴를 맺기도 했다. 사용자 데이터 및 알고리즘을 결합하여 수천 개의 인공지능 제작 노래를 만들 예정이다.

(출처: Anghami 공식 트위터 계정 2020년 7월 6일자)

앙가미에서 방탄소년단(BTS) 지민의 솔로곡 4곡은 50만 스트리밍을 달성하며 '중동의 연인(Middle East Sweetheart)'이란 타이틀을 얻기도 했는데, 한국M&A경제신문에 따르면 이와 같은 방탄소년단 지민의 성과를 두고 앙가미를 "세계적으로 진입장벽이 높은 중동에서 아티스트의 인기가 어느 정도인지를 가늠할 수 있는 기준이 되는 음원 사이트"라고 평가하고 있다.

　실제 앙가미를 가입해서 서비스를 받아보면, 실로 다양한 아랍권 음악을 쉽게 경험할 수 있다. 메일 푸쉬도 지속적이며, 그 멘트 내용도 아주 디테일하게 들어온다.

8. 중동의 인기 게임 '검은사막'

중동에서 한국 게임에 대한 인기는 실로 엄청나다. 특히, 라마단 기간에는 게임 양이 증폭되어 많은 게임사가 '라마단 마케팅'의 일환으로 이 타이밍에 새로운 게임을 출시하기도 한다.

2022년 한국콘텐츠진흥원이 발간한 '2022 해외시장의 한국 게임 이용자 조사 보고서'를 살펴보면, 중동 지역에서 가장 인기가 많은 한국 게임은 '검은 사막' 이다. 무려 사우디아라비아, 이집트, 아랍에미리트, 파키스탄 등 중동의 이슬람 여섯 국가 중 4곳에서 검은 사막이 1위를 한 것인데, 중동 지역은 한국게임에 돈을 많이 쓴 지역이기도 하다. 엔씨소프트의 길드워는 요르단에서, 크래프톤의 배틀그라운드는 카타르에서 각각 1위를 했다.

<표12> 선호하는 한국 게임 : 1순위 1위 기준

■ 서남아시아 ■		
인도	배틀그라운드* (16.0%)	**배틀그라운드 모바일*** (15.6%)
파키스탄	**검은사막 (20.4%)**	배틀그라운드 모바일 (13.4%)
■ 중동 ■		
이집트	**검은사막 (19.3%)**	건쉽배틀 (12.8%)
사우디아라비아	검은사막 (12.8%)	검은사막모바일 (9.1%)
요르단	길드워 (13.9%)	**건쉽배틀 (16.2%)**
아랍에미리트	검은사막 (11.2%)	BTS 월드 (8.3%)
카타르	배틀그라운드 (13.4%)	다크 어벤저 시리즈(1~3) (13.1%)

[Unit: %]

* 해석 주의 : 2022년 7월 인도 정부의 규제로 이용 서비스 중지됨

(출처: 한국콘텐츠진흥원)

아래 지도 그림을 보면 게임 시장 성장률이 가장 높은 지역은 중동인 것을 알 수 있다. 걸프협력회의(GCC) 국가 중 가장 큰 게임 시장을 보유하고 있는 곳은 사우디아라비아이며, 아랍에미리트는 그다음으로 큰 시장이다. 2025년까지 사우디와 아랍에미리트는 각각 730만 명, 440만 명의 게임 인구를 보유할 것으로

전망된다. 이처럼 게임 시장이 가파르게 성장하고 있는 중동 지역에서 '검은 사막'을 비롯한 한국 게임이 크게 선전하고 있어, 기쁜 소식이 아닐 수 없다.

색으로 구분한 지역별 게임 시장 성장률(2021~2026)
(출처: 한국콘텐츠진흥원)

'검은 사막'은 게임이 진행되는 세계관 속 칼페온 공화국, 세렌디아 자치령, 메디아 공화국, 발렌시아 등등 여러 배경 지역이 있다. '검은 사막'의 가상 세계는 주로 판타지와 현실의 유명한 유적지 등을 모티프로 한 곳이 많다. 그러나 지금까지 '조선 시대' 배경은 게임에서 쉽게 접하기 어려운 소재였는데, 펄어비스에서 올해 3월, 중세 유럽의 판타지가 아닌 한국의 조선을 배경으로 하는 신규 콘텐츠, 게임 속 새로운 지역 '아침의 나라'를 출시했다.

⇐ (출처: 펄어비스)

　'아침의 나라'에서는 실감 나는 고퀄리티의 그래프로 한국의 다양한 장소를 게임에서 구현했는데, '검은 사막' 공식 유튜브에 올라온 지역 중 일부를 가져왔다. 한국적인 배경음악과 함께 한국의 아름다움이 담긴 '검은 사막', '아침의 나라' 영상을 직접 시청해보는 것을 추천하는 바이다.

　각각의 이야기를 가진 8종의 우두머리가 등장한다. 한국의 설화를 콘텐츠로 차용하여 우리에게 친숙한 구미호와 처녀 귀신도 나오며, 대나무 병사 죽엽군과 범에 물려 죽은 창귀 등을 통해 매력적인 이야기와 특징을 보여줄 예정이다. 또한, 고대부터 근대까지 한국에서 전해 내려오는 민담, 설화, 전설을 풍부하게 활용하여 새로운 지역을 만들었다고 한다.

중동 지역에서 가장 인기 있는 게임 속 가상 세계에 한국이 새로운 지역으로 등장한다는 것은, 한국의 게임을 통해 한국을 알린다는 의미를 가진다.
게임 + 관광, 게임 + 문화, 게임 + K-POP등 다양한 콜라보레이션이 기대된다.

⇧ 중동 친구들과 한국민속촌에서 한복 체험을 하며 서로의 문화에 관해 이야기를 나눴다.

앞으로 지역 콘텐츠나 문화 콘텐츠에 대한 홍보가 다양한 분야와의 접목이 더욱더 중요해질 것이다. 게임도 잘하고, 콘텐츠도 잘하는 대한민국의 행로가 더 주목되는 이유이다.

9. 중동에서 꽃피우는 대한민국 '콘텐츠'

사우디아라비아와 아랍에미리트를 비롯한 중동의 주요 국가에서 한국의 다양한 콘텐츠 산업이 강세를 보이며 성장 중이다.

(출처: 한국콘텐츠진흥원 2020)

위 사진(한국콘텐츠진흥원)을 보면 한국 문화 콘텐츠가 많은 인기를 끌고 있는 상위 다섯 국가에 아랍에미리트가 있는 것을 확인할 수 있다. 또한, 한국국제문화교류진흥원의 〈해외 한류실태조사 2022〉 보고서에 따르면 아랍에미리트의 한류 소비자를 대상으로 한국에 대한 인식을 조사한 결과, 한국에 대한 전반적 인식이 긍정적이라고 답한 비율이 무려 79%를 차지한다. 보다 구체적으로는 한국에 대한 이미지가 다음과 같다.

아랍에미리트에게 한국은,
"호감이 가는 국가" (79.8%)
"경제적으로 선진국" (73.8%)
"우리에게 우호적인 국가" (71.3%)
"국제적 자원의 사회공헌 활동에 참여" (69.5%)
"경쟁국이기보다 협력국" (69%)
"문화강국" (64.5%) 의 이미지를 가진 나라이다.

또한, 한국의 문화 콘텐츠를 경험하기 전후로 인식이 어떻게 변화했는지 살펴보았을 때, 한국 콘텐츠를 접한 이후 한국에 대한 인식이 "보다 긍정적인 방향으로 변화했다"는 응답이 76.5%로 대다수를 차지했다. 만약, 콘텐츠를 경험하기 이전에 갖고 있던 이미지보다 실제 경험 후 갖게 된 이미지가 부정적이었다면 한국 콘텐츠가 지금처럼 지속해서 성장세를 띄고 글로벌하게 발전하기는 어려웠을 것이다. 실제 경험한 이후 갖게 된 이미지가 긍정적이라는 것은 그만큼 한국 콘텐츠가 경쟁력 있는 '양질의 즐거움'을 선사했다는 의미라고 해석할 수 있다.

물론, 부정적으로 인식하는 경우 또한 존재한다. 이 경우, "한류스타의 부적절한 언행"(30.6%)과 "지나치게 상업적(26.3%)"이고, "지나치게 자극적/선정적"(24.4%)이라는 이유가 부정적 인식의 원인으로 꼽혔다.

코로나19 발생 이전과 대비해서 가장 소비량이 늘어난 콘텐츠 분야는 단연 드라마(63.0%)다. 그다음으로 높은 소비 증가율을 보인 콘텐츠는 음악(62.4%), 영화(60.4%), 예능(60.2%) 등의 순으로 꼽힌다. 그러나 위 순서가 큰 의미는 없는 것이, 대부분의 콘텐츠 소비량 증가율이 60%가 넘는 수치로 실로 엄청나다는 것이다.

Statista의 2018년 통계자료에 따르면 중동에서는 하루 평균 6시간 20분 동안 TV 시청을 한다. 이는 전 세계 평균 시간인 2시간 48분보다 2배 이상 긴 시청 시간인데, 중동 지역의 2020년도 기준 방송 스트리밍 시장규모는 1,427 백만 달러로 한국의 방송스트리밍 전망치보다 2.8배의 규모에 해당한다. 방송 스트리밍 시장에 있어서 중동 지역은 매우 성장세가 크고 향후 잠재력 또한 무궁무진한 시장이라 할 수 있다.

PWC에 따르면 최근 몇 년 동안 중동 지역에서는 넷플릭스에서 스포티파이에 이르기까지 여러 스트리밍 서비스가 본격적으로 진출하였으며 더 많은 스트리밍 서비스 제공업체가 시장에 진입할 계획을 세우고 있다. 일례로, 유튜브는 2021년 9월 사우디아라비아, 아랍에미리트 및 기타 5개 시장에서 유료 음악 및 프리미엄 서비스를 출시했다.

　그리고 이와 같은 중동의 현황은 한국의 콘텐츠가 활발하게 확산할 수 있는 기반이 되고 있다. 〈이상한 변호사 우영우〉, 〈더 글로리〉는 아랍에미리트에서 2022년 TV 프로그램 1위를 기록한 바 있으며, 〈작은 아씨들〉, 〈여신강림〉, 〈신사와 아가씨〉 등 다수의 한국 작품이 중동 전역에서 넷플릭스 상위권에 들며 한국 콘텐츠의 위력을 보여주고 있다.

　드라마뿐만 아니라 한국 하면 케이팝(K-POP)을 빼놓을 수 없는데, 트위터에서 공식 발간한 보고서에 따르면 트위터상 케이팝 관련 해시태그가 2010년과 비교했을 때 10년이 지난 2020년 전 세계적으로 폭발적으로 증가했다. 수많은 게시글과 케이팝 관련 정보가 해시태그와 리트윗을 통해 활발하게 생산되고 있다는 뜻인데, 특히 중동 지역에서 케이팝은 나날이 뜨거운 인기를 얻고 있다.

중동 특화 콘텐츠 제작으로, 마마무는 중동에서 의미가 있는 사막색 컬러의 의상을 입고, 노출이 없는 연출로, 상대국에 대한 문화 존중을 실천했다. 이는 현지인들 입장에서는 매우 의미 있는 배려였고, 많은 현지 팬들의 호응이 있었다.

2022 카타르 월드컵 개막식에서 방탄소년단 정국이 카타르 월드컵 주제가인 '드리머스(Dreamers)'를 부르며 개막식 무대를 화려하게 장식했고, 사우디 리야드에서 방탄소년단 공연이 성황리에 진행되기도 했다.

정국은 중동판 스포티파이로 불리는 중동 최대 음원 스트리밍 플랫폼 앙가미(Anghami)가 선정한 '2022년 톱 K-팝 아티스트'(Top K-Pop Artists 2022) 부문에서 K팝 솔로 가수로는 유일하게 톱10에 이름을 올리기도 했다!

['한국-아랍에미리트 KPOP 페스티벌' 때 아스트로의 방송 장면]
⇧대한민국에는 아름다운 공간들이 많은데, 중동 특화 콘텐츠로 중동 여류 건축가의 DDP를 배경으로 연출했다. 또한, 아스트로는 별이라는 뜻으로, 당시 아랍에미리트의 가장 중요한 이슈였던 인공위성 아말(희망이라는 뜻이다)을 언급하며, 아스트로 소개 멘트에 "아말(Al Amal)을 타고 아스트로로 놀러와 주세요"라고 했고 반응은 매우 뜨거웠다.

지금처럼 대한민국 콘텐츠가 중동에서 중장기적으로 꽃피우기 위해서는 중동 지역에서 어떤 부분을 긍정적으로 생각하는지, 또 어떤 부분을 불편하게 생각하는지, 면밀하게 분석하고, 중동 지역 문화에 눈높이를 맞춘 콘텐츠 제작이 필수적인 요소라 할 수 있다. 인기를 얻는 것은 오랜 시간이 필요한 일이지만, 잃어버리는 것은 한순간이다.

Ⅱ. 사우디는 지금

 '사우디는 지금'을 다루며 고민이 많았다. Mr. everything이라는 애칭으로 불리는 모하마드 빈 살만(MBS)에 대한 지나친 가십부터 사우디에 대한 과장된 시선 그리고 왕권 국가로 독재의 나라라는 부정적 인식, 여성 인권 부재에 대한 염려까지 참 많은 관심을 받는 나라임은 틀림없다. 특히, 메가 프로젝트인 네옴시티 등이 언론에 대대적으로 알려지면서 허상이라는 시각부터 과장된 기대에 이르기까지 사우디에 대한 편중된 시각이 아쉽다는 생각이 든다.

 '사우디는 지금'에서는 그들의 변화와 이에 대한 준비, 그리고 대한민국과의 연결점을 중심으로 다루고자 한다.

 '사우디 비전 2030'을 비롯한 국가의 미래에 관한 생각, 경제와 산업 분야를 다루고, 사우디에서 진심으로 육성하고 싶어 하는 관광 분야에 대해서도 다뤘다. 또한, 아직 국내에는 소개가 많이 되지 않은 사우디의 '문화와 예술'을 비롯하여 주요 베뉴와 산업을 이해할 수 있는 '전시 트렌드'와 '네옴시티', '아람코', '킹 압둘라 과학기술대학교'와 사우디 공공투자기금 'PIF'와 관련된 주요 내용을 요약했다.

더불어 최근 사우디에서 국가 브랜딩을 위해 만들어진 '국기의 날', 2029년 유치가 확정된 '동계아시안게임', 인기 스포츠인 '축구'와, 'e-Sports', 사우디 최초의 자유무역지대 '프리존' 소식까지 최근의 소식을 담고자 노력했다. 앞으로도 많은 변화가 있을 테지만, 다양한 분야의 변화를 살펴보며, '사우디의 지금'을 이해하고 미래를 조심스럽게 예측하는 데 조금이라도 도움이 되면 좋겠다.

1. 사우디 비전 2030

사우디아라비아와 대한민국은 1962년 국교를 수립한 후 많은 협정을 맺으며 교류해 왔다. 그리고 사우디 정부는 미국, 일본, 인도, 중국과 함께 한국을 '사우디 비전 2030'의 5대 중점 협력 국가로 지정했는데, 협력 분야는 △에너지 및 제조업 △ICT 인력양성 △보건의료 △중소기업 협력 및 투자 강화다.

'사우디 비전 2030'은 한마디로 석유 의존도가 높은 사우디의 경제를 다각화하기 위해 보건, 교육, 인프라, 엔터테인먼트, 관광과 같은 공공 서비스 부문을 개발하기 위한 전략적 프레임워크(frame work)로, 주요 목표는 경제 및 투자 활동 강화, 비(非)석유 국제 무역 증대, 그리고 사우디아라비아의 기존 이미지에서 탈피하여 부드럽고 대중적인 이미지를 만드는 것이다.

⇧ 사우디는 탈석유/산업 다변화를 위한 VISION 2030을 적극적으로 추진하고 있다. 그 중심점에 있는 곳이 투자부(Ministry of Investment)이다. 투자부(MISA)의 주요 책임자들과 한국과 사우디의 협업에 관해 토론하다 보면, 시간도 잊고, 밤늦게까지 이어지는 일이 빈번하다. 젊은 실무 책임자들은 학구열도 높고 다양한 해외 경험을 갖추고 있어 늘 놀라움을 준다.

'사우디 비전 2030'에는 '활기찬 사회(A Vibrant Society)', '번영하는 경제(A Thriving Economy)', '진취적인 국가(An Ambitious Nation)' 이렇게 세 가지

주요 키워드가 있다.

첫째는 도시화, 문화 엔터테인먼트, 스포츠 유네스코 문화유산을 증진해 활기 찬 사회를 만드는 것이다.

둘째는 고용, 여성 인력, 국제 경쟁력, 공공 투자 기금, 외국인 직접 투자, 비(非)석유 수출을 늘려 경제를 번성하게 하는 것이다.

셋째는 비(非)석유 수입, 전자 정부 전환을 통한 정부 효율성 제고, 가계 저축을 늘리는 국가로 성장하는 것이다. 이를 통해 국가를 '아랍과 이슬람 세계의 심장'으로 만들고 글로벌 투자 강국이 돼 아프리카-유라시아를 연결하는 허브로 발전시키고자 한다.

사실 사우디가 하고 있는 수많은 행보는 위 세 가지 키워드의 방향에서 진행된다. 사우디아라비아는 석유를 통해 막대한 부를 축적하고 있는데, 사실 관광 수입도 만만치 않다. 모든 무슬림들이 성지순례를 하고 싶어 하는 '메카'가 있는 나라이기 때문이다.

관광을 비롯한 문화 콘텐츠는 사우디아라비아에서 가장 관심 깊게 투자하고자 하는 부분이기도 하다. 최근 사우디의 왕세자 모하메드 빈 살만이 이끌고 있는 국부펀드 PIF(Public Investment Fund)가 대한민국의 게임사 지분을 매입하고, K-POP을 비롯한 K-콘텐츠 협업, 문화 관광 관련 스타트업에 관심을 기울이고 있는 이유이기도 하다.

과거 한반도와 중동은 '인센스 로드'(Incense Road)라 불리는 길을 통해 많은 교류가 있었고, 신라 시대에는 해상을 통한 문화적 접촉이 있었다. 현대에 들어와서는 1970년 사우디 고속도로 건설 등 각종 경제 협력이 이뤄졌고, 용산 국립

중앙박물관에서 사우디아라비아 전시회(2017)가 개최됐으며, 사우디아라비아에서는 한국 문화전(2018)이 개최되기도 했다.

　최근 중동에서 한류가 급격히 확산하면서 양 지역 간 교류는 더욱더 빈번하고 긴밀해질 것으로 예상된다. 이제 '신(新)중동' 전략을 세워 대한민국의 문화와 산업을 깊고 넓게 펼쳐야 할 때다.

2. 사우디 경제와 산업 그리고 관광

사우디 하면 가장 먼저 떠오르는 것이 '기름'일 것이다.

원유 수출로 대부분의 경제이익을 얻는 사우디는 이 수입을 원유 및 가스개발, 건설 및 플랜트 프로젝트에 활용하고 있다. 유가 정책에 지대한 영향을 받는 현재 상황을 해결하기 위해 석유 의존도를 줄이고 비석유 분야의 산업을 다각화하기 위한 노력을 하고 있는데, '사우디 비전 2030'이 그것이다.

사우디아라비아의 국영 석유회사로 기업가치가 약 1조 2,500억 달러(한화 약 1,388조 원)에 이른다는 아람코가 사우디 타다울 거래소에 상장되었다. 상장 직후 세계 최고 시가총액을 기록하기도 했는데, 이를 통해 막대한 현금이 조달되어 다양한 프로젝트를 진행할 수 있게 되었다.

또한, 관광객 유치를 위해 이슬람 성지 메카와 메디나가 있는 홍해의 히자즈(Hejaj) 지역에 거대한 규모의 리조트를 건설하고 있다. 비자 면제, 복장도 자유, 음주마저 가능할 수도 있는데, 사우디아라비아로서는 정말 파격적인 시도이다. 그뿐만 아니라, 사우디는 2019년 9월 폐쇄적인 관광 정책을 개선해 전 세계적으로 관광비자 발급을 시작했다.

또한, 사우디아라비아 시나이반도 근처에 네옴(NEOM)이라는 미래 도시를 건설하고 있다. 약 5,000억 달러(한화 약 600조)를 들여 만드는 이 도시는 스마트시티 기술을 접목해 관광지로 거듭날 계획을 하고 있고, 이외에도 비석유 산업 증진, 엔터테인먼트 육성 등 다양한 시도를 하고 있다.

대한민국과 사우디아라비아는 1962년 국교를 수립한 후 많은 협정을 맺으며 교류해 왔다. 사우디아라비아 정부는 미국, 일본, 인도, 중국과 함께 한국을 사우디 비전 2030의 5대 중점 협력 국가로 지정하기도 했다. 협력 분야는 에너지 및 제조업, ICT, 인력양성, 보건의료, 중소기업 협력 및 투자 강화 이렇게 5가지다.

사우디아라비아의 왕세자 모하메드 빈 살만(MBS)이 이끌고 있는 국부펀드 PIF가 우리나라의 넥슨과 엔씨소프트 지분을 매입하고 있다. 왕세자는 기존에도 블리자드 등 세계의 게임사 지분을 매입한 것으로 알려졌는데, K-게임에 관한 관심을 엿볼 수 있다.

이슬람교도들이 가장 신성시하는 메카(Mecca)와 메디나(Medina)가 있는 사우디아라비아는 관광 수입만으로 200억 달러 이상을 벌어들이고 있다. 이슬람의 3대 성지는 메카, 메디나 그리고 예루살렘인데, 그중 두 곳이 사우디아라비아에 있다. 이슬람력 12월에 모든 무슬림들은 메카에 하지(Hajj) 순례를 와야 하는데, 순례를 하러 갈 수 없다면 순례를 떠나는 다른 사람에게 임무를 맡겨서라도 동참한다.

메카에는 이슬람 최고의 성지 카바 신전이 있고, 메디나에는 예언자의 성지가 있다. 메카 순례와는 달리 메디나 순례는 반드시 해야 하는 것은 아니지만, 메카 순례 후 메디나에 들르는 것을 권장하고 있다. 이슬람 성지에는 무슬림이 아닌 사람은 들어갈 수 없는데, 아무리 사우디아라비아가 외국인에게 관광비자를 허용했다고 해도 성지만은 출입이 불가능하다.

사우디아라비아의 수도 리야드에는 볼거리도 많다. 가장 유명한 것은 마스막 요새(Masmak Fort)인데, 진흙으로 만들어진 이 요새는 1865년 지어져 사우디 통일에 매우 필수적인 역할을 했다. 현재는 박물관으로 개조되어 사용되고 있다.

[마스막 요새의 낮(Masmak Fort)]
⇧ 사막색의 건물과 검은색의 전통의복이 무척이나 조화롭게 느껴진다.
이집션 마우(Egyptian Mau)로 추정되는 고양이도 더운 날씨만큼이나 길게 늘어져 있다

[마스막 요새의 밤 (Masmak Fort)]
⇧ 마스막 요새의 낮과 밤은 풍경이 매우 다르다. 날씨가 더운 지역이다 보니, 밤에 다양한 활동이 이루어진다.

　디리야(Diriyah)는 사우디 왕실의 본거지로 고대 진흙 건축물과 사드 빈 사우드 궁전(Saad bin Saud Palace)을 볼 수 있는 유서 깊은 장소이다. 2010년 유네스코 문화유산으로 지정되었고, 사우디 왕실의 스토리를 영상으로 제작하여 상영하기도 한다.

킹덤타워 (출처: 킹덤센터 홈페이지)

　리야드의 랜드마크를 꼽으라면 킹덤타워일 것이다. 백화점과 호텔, 오피스로 사용되고 있는데, 낮에도 아름답지만, 밤이 되면 다양한 색으로 빛나는 타워를 감상할 수 있다.

　리야드의 또 하나의 랜드마크는 Al Faisaliah Tower이다. 전망대에서는 리야드 시내를 한눈에 볼 수 있다.

　사우디아라비아의 산업을 살펴보면 사우디가 미래 산업을 위해 정말 여러 방면에서 여러 가지 시도를 하고 있다는 걸 알 수 있다. 종교적인 제한은 최소화하고, 해외와의 교류 그리고 관광을 늘리고자 그들에게는 다소 파격적일 수도 있는 개혁을 추진하고 있는 셈이다. 특히, 우리나라 게임 기업에 투자하는 것을 보면 콘텐츠와 같은 미래 먹거리에도 많은 관심이 있다는 것을 엿볼 수 있다.

3. 사우디 문화와 예술

사우디아라비아의 문화와 예술을 설명할 때 빼놓을 수 없는 건 바로 리야드에 있는 킹압둘 아지즈 세계문화센터(King Abdulaziz Historical Center)일 것이다.

킹압둘 아지즈 세계 문화 센터(King Abdulaziz Historical Center) (출처: RCRC.gov.sa)

무라바 궁전 (출처: RCRC.gov.sa)

이전 무라바 궁전 부지에 세워진 유서 깊은 장소인데, 내부에는 사우디 국립 박물관이 함께 있어, 사우디의 유산을 고스란히 보존하고 있다. 8개의 메인 갤러리와 2개의 특별 전시를 위한 갤러리가 있으며, 각 갤러리에는 아라비아의 이슬람 문화, 사우디의 이슬람 문화, 아라비아 왕국, 예언자의 사명 등 다양한 이야기가 담겨있다. 아라비아 반도의 이슬람 역사, 현재 사우디 국가의 전시물, 2개의 신성한 모스크와 하지 갤러리를 볼 수 있으며 복제품과 실물 크기의 디오라마가 많이 있다.

박물관은 건축가 Raymond Moriyama가 설계했으며, 모래언덕 "Red Sands"의 형태와 색상에서 영감을 받았다고 한다.

The National Museum of Saudi Arabia (출처: arabnews)

사우디에서 열린 〈한국 문화로 가는 매혹의 여정 展〉 (출처: 국립중앙박물관)

2018년 이곳에서는 대한민국-사우디아라비아의 교류를 위해 중동 최초의 한국 문화 특별전이 열린 바 있다. 〈한국 문화로 가는 매혹의 여정〉이라는 제목으로 약 4개월간 이어졌다. 이후 2017년에는 국립중앙박물관에서 사우디 문화 특별전 〈아라비아의 길, 사우디아라비아의 역사와 문화〉를 개최한 바 있다.

진흙집과 모스크 (출처: RCRC.gov.sa)

도서관과 공연장 (출처: RCRC.gov.sa)

공원 (출처: RCRC.gov.sa)

박물관 외에도 모스크, 도서관, 회의실, 공원이 조성되어 있고, 공원에서는 문화행사를 개최하고 있다. 100그루의 야자수와 인공 호수, 분수가 있어 아름다운 경관을 자랑한다.

리야드 아트 프로젝트 (출처: RCRC.gov.sa)

　리야드 아트 프로젝트는 사우디 비전 2030 중 하나인데, 10개의 주요 프로젝트로 구성되어 있다. 리야드 주거 지역, 공원, 광장, 지하철과 버스 정류장 등 전역에 지역 및 국제 예술가들의 공공예술 작품 1,000개를 설치할 예정이다. 리야드를 예술 거점 도시로 만들겠다는 포부를 엿볼 수 있다.

공원 조성 (출처: RCRC.gov.sa)

THE ILLUMINATED BRIDGES (출처: RCRC.gov.sa)

　광장에는 아트플라자가 세워지고, 발이 닿는 곳마다 예술품이 함께하는 그야말로 예술 도시로 거듭나겠다는 사우디의 리야드! 또 매년 아트워크와 함께할 수 있는 페스티벌을 열 계획도 가지고 있다. 이를 통해 도시의 관광 및 엔터테인먼트 산업을 장려하는 것이 최종 목표라고 할 수 있겠다.

[리야드 블라바드(Boulevard Riyadh City 있는 벽화)]
⇧ 벽화와 꽃의 조화가 무척 재미있다. 시간이 흘러갈수록 헤어스타일이 조금씩 바뀔 텐데 매번 찾아보고 싶은 벽화이다.

[리야드 소재의 Dr.Sulaiman 의 벽화]
⇧ K-콘텐츠의 전 세계적 흥행과 맞물려 다양한 공간에서 K-콘텐츠를 만나볼 수 있다.
사우디 시내 한복판에서 오징어게임 벽화를 봤을 때, 대한민국 콘텐츠의 힘을 다시금 느끼게 된다.

　이 외에 주목할 점은 2017년 뉴욕 크리스티 경매에서 4억 5,000만 달러(약 5,062억 원)에 낙찰되어 경매 사상 최고 기록을 세웠던 레오나르도 다빈치의 〈살바토르 문디〉이다. 낙찰자가 밝혀지지는 않았지만, 현재 사우디 빈 살만 왕세자가 실소유자라고 한다. 왕세자는 어마어마한 예술품을 수집하고 있다고 한다.

　사우디는 지금 격변의 시기를 겪고 있다. 최근 몇 년간 수도 리야드를 중심으로 문화와 예술을 증진하고 규율을 완화하며, 비석유 부문을 개발하면서 국제사회에 서서히 문을 열고 있는 모습을 볼 수 있다.

4. 사우디 주요 베뉴(VENUE)와 전시 트렌드

리야드 프론트 엑스포 센터(Riyadh Front Expo Centre)는 리야드 킹 칼리드 국제공항(King Khalid International Airport) 근처에 위치하여, 수도의 주요 호텔과 쇼핑몰이 함께 있어 훌륭한 인프라를 가지고 있다. 국제회의 및 전시회를 주최하고 있고, 또 왕국의 가장 큰 엔터테인먼트 축제인 리야드 시즌 장소 중 하나로 사용되기도 했다.

여기서, 리야드 시즌(Riyadh Season)이란, 수도 리야드에서 열리는 엔터테인먼트 축제이다. 이 축제는 앞서 언급한 '비전 2030'의 일부로, 시민과 주민들의 삶의 질을 향상하게 시키는 사회 및 경제 개혁 방안 중 하나이며, 2019년 리야드 시즌엔 무려 BTS가 초청되어 공연을 했다.

이외에도 해외 스타와 주요 스포츠 이벤트, 미슐랭 스타 등이 초청되었는데, 주최 측인 General Entertainment Authority에 따르면 정부는 2019년 첫 개최 때 60억 사우디 리얄(한화 약 1조 9천억)의 수익을 창출했다고 한다. 2021년 제2회 리야드 시즌에서는 수용 인원을 극대화하고, 퍼레이드와 불꽃놀이 그리고 콘서트 등을 열었다. 75만 명이 넘는 인파가 축제 개막식에 참석했다고 하니, 정말 뜨거운 열기를 실감할 수 있다.

얼마 전 리야드 프론트 컨벤션 센터(RFECC)에서는 사우디 최초의 기술 전시회 LEAP 2022가 열렸는데, 마이크로소프트, 아마존, IBM, 시스코, 오라클, 화웨이, 델, 노키아, 에릭슨이 참가했다. 사우디는 이 기술 전시회를 시작으로 국제 사회에서 다양한 활동을 예고하기도 했다.

2009년 지어진 리야드 국제 컨벤션 & 전시 센터(Riyadh International Convention and Exhibition Center)는 리야드시의 건축 랜드마크 중 하나이

다. 리야드 상공회의소(RCCI) 소유 시설로 건설, 농업, 기술, 에너지, 의료, 교육 등 다양한 산업의 주요 행사를 개최하는 중요한 장소이다.

이 리야드 국제 컨벤션&전시 센터에서는 사우디의 대표 건축자재 전시회인 'SAUDI BUILD'가 열리는데, 31년간 이어져 온 역사와 전통이 있는 전시회이다. 사우디 건설 시장으로 가는 관문이자 주요 관계자가 찾는 전시이기 때문에 개최할 때마다 많은 사람이 찾고 있다.

(출처: Big 5 Saudi)

이곳에서 열리는 또 하나의 주요 전시회는 2010년에 시작된 Big 5 Saudi다. "The Big 5" 브랜드는 40년 이상의 역사가 있는 전시회로, 아랍에미리트, 이집트, 남아프리카, 중국 등에서도 개최하고 있는데, 사우디는 현재 거대한 개발 계획을 하고 있고, 이 전시회는 그런 사우디아라비아의 건설 및 인프라를 다루기 때문에 의미가 있다고 할 수 있다. HVAC R Expo Saudi, Stone & Surface Saudi, FM Expo Saudi and Saudi Clean Expo와 함께 열린다.

[사우디아라비아 스타트업 전시회 비반(BIBAN). 사우디 정부 고위 관계자들과 전시 참관]

사우디아라비아 최대 스타트업 행사인 '비반(BIBAN)'이 2023년 3월 9일부터 13일까지 리야드에서 개최됐다. 사우디 중소기업청 몬샤아트(Monsha'at)가 주최한 이번 행사에는 350여 명의 연사, 550개 이상의 기업과 10만 5,000명 이상의 방문객이 참석했다. 대한민국에서는 중소벤처기업부 이영 장관이 기조연설자로 초대되었고, K-스타트업(Startup) 10개사가 참여하기도 했다.

사우디아라비아는 평균 연령이 32세로, 젊은 인구가 대다수를 차지하며 특히 창업과 여성의 취업 등에 관심이 높다. 더욱이 대한민국에 대한 인식이 매우 좋은 국가이기에 주빈국이 대한민국이라는 생각이 들 정도로 많은 관심을 받았다.

특히, 중소벤처기업부 이영 장관의 기조연설 중 "나는 기조연설자로 왔지만, 여러분들의 친구가 되기 위해 왔다"라는 말씀은 청중의 뜨거운 갈채를 받기도 했다.

행사 기간 중 현지 언론의 취재와 보도는 물론 사우디아라비아 주요 부처와의 면담 요청이 끊이지 않았는데, 그야말로 사우디는 대한민국의 나날들이었다. 행사에 참여한 K-스타트업들도 현지 기업들의 많은 관심을 받았고, 사우디 투자부(Ministry of Investment) 본부 건물에서 양국 장관의 임석 하에 10여 개 스타트업이 MOU를 체결하기도 했다.

[2022 한-사우디 투자 포럼 출처:사우디투자부]

개막식을 비롯해 VIP 라인투어에는 본 행사의 주요 부처인 상무부(Ministry of Commerce)뿐 아니라 정보통신부(Ministry of ICT)와 중기청(Monsha'at)에서도 각각 장관과 청장이 참석하는 등 사우디아라비아의 범부처 장·차관이 대거 참석했다. 마치 '미니 내각회의'라 할 정도의 규모였는데, 스타트업 행사를 위해 이렇게 많은 응원과 지지, 관심을 범부처적으로 구축할 수 있다는 점이 흥미로웠다.

비반 전시장에서는 스타트업 홍보 경연 및 지원 프로그램 중 하나로 '기업가정신 월드컵(EWC, Entrepreneurship World Cup)'이 개최되었다. 2019년 처음 개최된 EWC 토너먼트는 지금까지 200개국에서 40만 명 이상의 기업가들이 등록할 정도로 참여와 경쟁의 열기가 매우 뜨거웠다. 올해 EWC 우승자는 30만 달러의 상금을 획득하기도 했다.

Drapper Aladdin Startup Competition 첫 결선 무대가 열렸는데, 본선에 진출한 13개 스타트업이 우승 상금 50만 달러와 함께 글로벌 벤처투자 기업들의 투자 지원을 놓고 치열한 경쟁을 했다. 한국의 엔젤스윙과 오톰이 최종 1위와 2위를 수상했는데, 이는 K-스타트업의 놀라운 위상을 반영한 결과이기도 하다. 비반의 경연들은 마치 스포츠 중계를 보듯 우승자의 열광을 카메라로 담아내고, 또 응원한다. 어찌 보면 전시장 내의 또 다른 브랜딩이라는 점에서 무척 전략적이라는 생각마저 든다.

⇧ 사우디에는 사막만 있는 게 아니다. 아름다운 리조트도 많다.
아랍어는 오른쪽에서 왼쪽으로 글을 쓰기 때문에, 사우디아라비아 여권의 경우 앞면은 뒷면에 있다.

사우디는 척박한 자연환경이니만큼 손님 대접을 워낙 극진하게 하는 문화가 있는데, 전시에 초청된 VIP 게스트들을 대하는 것 역시 매우 사우디스럽다. 호텔, 차량, 공항 패스트 트랙 사용은 물론이고, 로얄 가드의 경호까지 최고로 준비한다. 호텔 체크인할 때 중동의 상징인 데이츠를 비롯한 스위츠를 준비하여 웰컴 디저트 박스로 내놓는데, 'have a sweet day'라고 써놓은 문구가 재치 있게 느껴진다.

비반(BIBAN)은 아랍어로 문(door)을 뜻한다. 과거 대한민국과 중동은 건설 붐으로 중동 붐을 경험한 바 있다. '제2의 중동 붐'이 문을 활짝 연 만큼 앞으로 대한민국 중소기업, 벤처, 스타트업의 전략적 행보를 응원한다.

5. 네옴시티 (NEOM City)

대한민국에서 가장 유명한 프로젝트가 네옴시티가 아닌가 싶다. 뉴스뿐 아니라, 각종 예능에서까지 다루고 있으니 말이다.

사우디아라비아 왕국(Kingdom of Saudi Arabia)은 이슬람군주국의 국왕 중심제로, 세계 최대의 원유 부존(賦存) 및 생산국으로서 국제유가 형성을 주도하고 있다. OPEC(석유수출국기구)에서 가장 막강한 영향력을 행사하고 있으며 리야드(Riyadh)를 수도로 삼고 있다.

"네옴시티(NEOM City)" 사업은 사우디아라비아 정부가 사우디 비전 2030 정책의 하나로 내세운 저탄소 친환경 스마트 신도시 계획이다. 네옴시티의 이름은 새로움(New)을 의미하는 그리스어 '네오(Neo)'에 아랍어로 미래를 뜻하는 무스타크발(Mustaqbal)의 'M'을 합쳐 만들어졌다. 네옴시티 사업은 무함마드 빈 살만(Mohammed bin Salman) 왕세자가 추진하고 있으며, 그린 수소·태양광·풍력 등 친환경 에너지의 생산 기반을 갖추고 로봇이 물류와 보안, 가사노동 서비스를 담당하는 친환경 스마트 신도시라 할 수 있다.

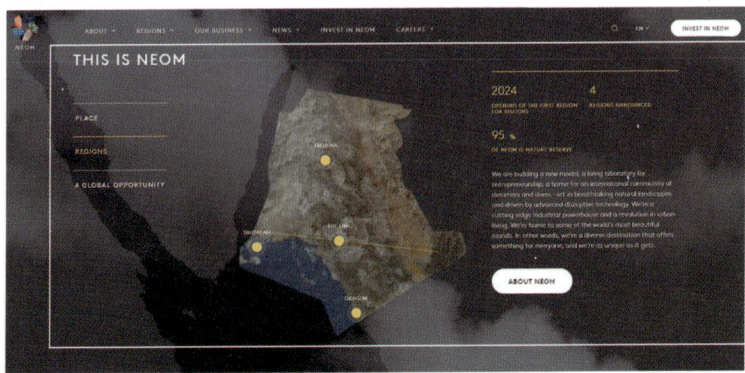

(출처: 2022 NEOM 공식 홈페이지)

석유에 의존하는 사우디 경제 구조를 탈피하기 위한 탈석유화의 방책으로, 한화 약 697조 5,500억 원을 사용해 서울의 43배 크기에 달하는 사우디 북서부 타북주 일대에 약 2만 6,500㎢ 크기로 만들어질 계획이다. 북쪽으로는 요르단과 접경하고, 서쪽으로는 홍해를 접하며 15km 길이의 다리를 건설해 이집트와 연결될 계획이다.

친환경 도시를 컨셉으로 잡았기에 대부분은 자연환경 그대로 유지되며, 도시로 개발되는 지역은 극히 일부 지역으로 한정되는데, 네옴시티의 핵심 사업에는 초대형 거울로 둘러싸인 일자형 직선·수직형 도시이자 친환경 주거·상업 도시인 '더 라인(The Line)'과 팔각형 구조의 최첨단 산업단지 '옥사곤', 친환경 산악 관광단지 '트로제나'가 조성될 계획이다.

네옴시티는 이 밖에 유전자변형작물(GMC) 경작지, 항만(네옴베이), 국제공항 등으로 구성되며 사우디 정부는 2030년까지 네옴시티를 완공한다는 의견을 표명한 바 있다.

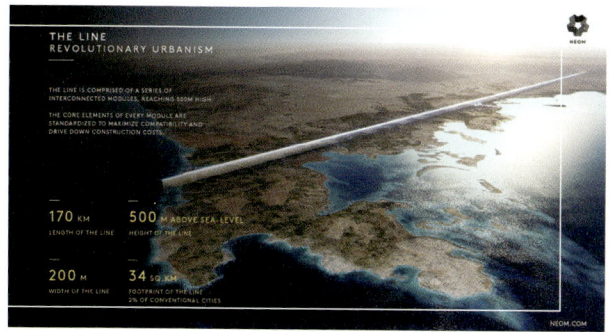

더 라인 (출처: 2022 NEOM 공식 홈페이지)

더 라인 구상 모습 (출처: 2022 NEOM 공식 홈페이지)

더 라인(The Line)은 도시 전체를 유리벽에 담은 하나의 건축물이다. 길이 170㎞, 폭 200m 유리벽으로 이뤄지며, 20분의 종단 간 환승으로 고속철도를 이용할 수 있으며, 도보 5분 이내의 모든 시설에 접근할 수 있도록 교통 시스템 구축을 계획하고 있다. 또한, 그린 수소·태양·풍력 에너지 등 100% 재생 가능한 에너지로 전력을 공급해 기후 변화와 상관없이 1년 내내 기온을 완벽하게 조절하여 이상적인 환경에서 주민들이 주변 자연을 즐길 수 있다는 장점을 가지고 있다.

옥사곤(OXAGON) (출처: 2022 NEOM 공식 홈페이지)

더 라인과 함께 네옴시티의 3대 프로젝트 중 하나인 '옥사곤'은 홍해에서 가장 큰 항구도시로, 인근 무역에 기여하겠다는 목표로 구성되어 있다. 입지적으로는 홍해 해변에 위치해 전 세계 무역량의 13%가 통과하며 전 세계 인구 40%가 비행기로 6시간 안에 도착할 수 있다. 해당 지역은 사우디아라비아의 지역 무역 및 상업에 기여하고 글로벌 무역 흐름의 새로운 중심지를 만드는 것을 지원할 것이다.

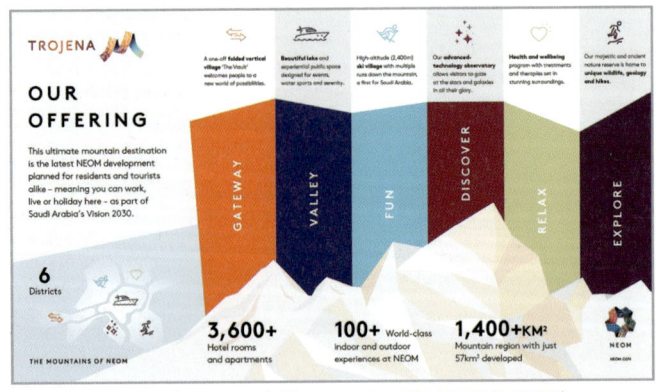

트로제나(TROJENA) (출처: 2022 NEOM 공식 홈페이지)

트로제나(TROJENA)는 네옴 지역 계획의 일부로, 초대형 자연 관광단지다. 자연 지역의 심장부에 있는 Aqaba만 해안에서 50km 떨어진 곳에 있으며 해발 고도는 1,500m에서 2,600m에 달하고 면적은 거의 60평방 킬로미터다. 트로제나는 자연과 개발된 경관이 조화를 이루고 거주자와 방문객 모두에게 독특한 인간 중심적 경험을 제공하는 상징적이고 세계적 수준의 목적지가 되는 것을 목표로 하고 있다. '트로제나'는 인공 담수호와 함께 해발고도 1,500~2,600m 사이에 조성돼 1년 내내 야외 스키와 각종 스포츠 활동이 가능하다.

THE LINE Experience Exhibition 장소: Riyadh (출처: neom 공식 홈페이지)

리야드에 설치된
〈THE LINE Experience Exhibition〉

THE LINE Experience 전시회 전경

전시회에서 구현하는 네옴시티 '더 라인(The Line)'

네옴시티 프로젝트에 참여하는 건축가들

현재 정부가 국내 건설사의 대규모 해외 인프라 사업 진출을 적극적으로 지원하는 시점에서 삼성물산, 현대건설 등 국내 건설사들이 네옴시티 사업에 큰 관심을 두고 참여할 계획을 보이고 있다. 건설사뿐 아니라 스마트시티에 들어가는 여러 가지 솔루션과 기술이 필요한 시점이다. 대한민국의 스타트업, 중소, 중견 기업이 원팀이 되어 진출하는 지혜를 모아야 할 때다.

⇐ [THE LINE Experience Exhibition 네옴시티, 더 라인 체험관, 정부 관계자와 현지 시찰 후 기념촬영]

6. 사우디 국영 석유 기업 '아람코' (Saudi Aramco)

사우디 아람코는 1993년에 설립된 사우디아라비아의 국영 석유화학 및 정유사다. 사우디 아람코는 1993년 사우디 정부의 석유채굴 승인을 받은 미국의 Standard Oil of California(SOCIAL) 기업이 설립한 California Arabian Standard Oil Company(CASOC)로부터 시작한다. 이후 아람코(Arabia American Oil Company)로 이름을 바꾸고 1940년대부터 석유 생산의 신기록을 세우며 아람코는 사우디의 번영과 성공의 기반이 되었다.

1951년 아라비아만 천해에서 세계 최대 규모의 해상 유전인 '사파니아(Safaniyah) 유전'을 발견했고, 1962년 누적 원유 생산량이 50억 배럴에 이르는 등 오늘날에 이르기까지 사우디 경제의 주축으로 자리매김했다. 시작은 미국의 기업이었으나 사우디 정부가 수십 년에 걸쳐 아람코의 지분 지속해서 사들였고 1980년대에 비로소 지분을 100% 확보하고 국유화하여 공식적으로 Saudi Aramco를 출범시켰다.

2022년 11월 빈 살만 왕세자의 방한을 기점으로 우리나라의 주요 기업과 사우디 간의 초대형 협력 프로젝트가 다수 예고되는 등 한국이 떠들썩했다. 우리나라의 정유회사 에쓰오일(S-OIL)은 본사 외벽에 빈 살만 왕세자를 환영하는 대형 현수막을 걸어 눈길을 사로잡기도 했다. 에쓰오일의 모든 원유를 공급하는 곳이자 에쓰오일의 대주주가 바로 '사우디 아람코'이기 때문이다.

사우디 아람코는 에쓰오일 '샤힌 프로젝트(Shaheen Project)'에 우리나라 단

일 최대 규모의 외국인투자 규모인 9조 원대의 투자를 결정했다. 샤힌 프로젝트는 울산에 새로운 기술과 생산능력을 갖춘 사상 최대 규모의 석유화학 설비 공사 프로젝트이다. 향후 우리나라와 사우디 양국 간의 협력 고도화에 기여할 것으로 기대된다. 이처럼 우리나라에 대규모 투자를 하는 사우디 아람코의 시가총액은 어느 정도일까?

시가총액 1위 기업이라면 애플, 구글, 아마존 등등 미국 기업들이 먼저 떠오를 수 있다. 실제로 시가총액 상위 10위 기업 중 9개가 미국 기업이다. 그렇다면 나머지 하나는 어느 기업일까?

바로 사우디 아람코다. 사우디 아람코는 2019년 사우디 타다울 증권시장에 상장되면서 단숨에 전 세계 시가총액 1위 기업으로 등극하며 또 한 번 세계의 주목을 받았다. 이후 애플과 1위 자리를 두고 경쟁하다 2022년 애플을 넘어서고 세계 1위를 탈환했다.

사우디 아람코는 1970년대 후반에 국영화된 이후로 실적을 공개하지 않았으나, 40여 년 만에 2019년 실적을 공개했는데 매출 3,550억 달러, 세전 영업이익은 2,120억 달러를 기록하고 전 세계 기업 중 가장 높은 순이익(1,111억 달러)을 기록했다. 당시 월스트리트저널(WSJ)에 따르면 아람코의 영업이익은 유럽연합(EU) 28개국 (브렉시트 이전)의 국방 예산에 버금가는 규모라고 한다.

사우디 아람코와 관련해서 우리나라에 좋은 소식이 있어서 기사를 발췌해본다. 앞으로 사우디 아람코와 대한민국의 협력을 통한 양국의 무한한 발전을 기대한다.

현대건설과 삼성엔지니어링은 아람코에서 추진하는 중장기 성장 프로젝트 '나맛'(Namaat·아랍어로 상생을 의미)의 건설 설계·조달·시공(EPC) 파트너 기업에 최종 선정돼 향후 아람코에서 발주하는 석유·화학 관련 신사업들에 대한 수의계약과 입찰 인센티브를 받는 본 협약을 체결했다고 6일 밝혔다. 두 회사는 성공적 사업 수행을 위해 각각 사우디 협력사인 RTCC, ARPIC와 함께 합작법인을 설립할 예정이다. 이들 합작법인은 아람코에서 발주하는 주요 사업을 수행하고 사우디 현지 EPC 업체 육성과 기술 전수, 현지 인력 채용 확대를 통한 고용 창출로 사우디의 산업 발전에 기여할 것이라고 양사는 설명했다.
…

특히, 아람코 신사업에 대한 독점적 지위 확보는 세계 유수의 건설사 가운데 소수만 파트너로 선정된 것으로, 그간 두 회사가 사우디에서 수행한 사업에 대한 역량과 기술력을 인정받은 결과로 풀이된다. 현대건설은 "아람코로부터 독점적 지위를 확보함에 따라 중동 붐을 재현할 교두보를 마련한 셈"이라면서, "사우디를 필두로 중동 건설 시장에서 확고한 입지를 다지며 본격적인 해외 수주 확장에 나설 것"이라고 강조했다.

(연합뉴스 홍국기 기자, "현대건설·삼성ENG, 사우디 아람코 신사업 독점적 지위 확보," 2022.07.06.)

7. 사우디 최초 혼성학교 '킹압둘라 과학기술대학교'

(출처: KAUST)

사우디에서 딥테크를 육성하기 위해 전력을 다하고 있는 대학교가 있다. 킹 압둘라 과학기술대학교 King Abdullah University of Science and Technology (KAUST)는 줄여서 카우스트 (KAUST)라 부르는데, 사우디 투왈(Thuwal)에 위치한 사립 연구 대학으로 2009년에 설립되었으며 공식 교육 언어는 '영어'다. KAUST는 사우디 최초의 혼성 대학이기도 한데, 개교 당시 KAUST는 60개국에서 온 다양한 배경과 인종의 교수진(70명)과 학생(400명)이 입학했다.

사우디 당국은 혼성 캠퍼스를 통해 사우디가 보수적인 사회에서 더욱 현대화된 사회로 나아가길 희망한다고 밝힌 바 있다. 이 캠퍼스에서는 남성과 여성이 자유롭게 생활한다.

(출처: KAUST)

    2019년 KAUST는 8번째로 빠르게 성장하는 (50세 이하 연구자) 대학으로 순위에 올랐고, 사우디 최초 LEED 인증 프로젝트를 통해 세계 최대 LEED Platinum 캠퍼스이다. 미국 건축가 협회(AIA), 환경 위원회(COTE)에서 2010년에는 상위 10대 녹색 프로젝트 중 하나로 선정되고, 대학 도서관의 경우 2011년 AIA/ALA 도서관 건축상을 수상하기도 했다.

    KAUST는 MENA 지역에서 가장 선도적인 연구 센터라는 자부심을 갖고 있다. 사우디를 비롯하여 주변 지역에 혁신, 경제발전 및 사회 번영을 주도하고자 한다. 이를 위해 KAUST는 최첨단 연구실부터 60개 이상의 스타트업과 중소기업을 유치하는 연구 및 기술단지를 제공하는 등 최고의 인프라 구축을 위한 노력을 하고 있다.

"KAUST shall be a beacon for peace, hope and reconciliation, and shall serve the people of the Kingdom and the world."

– King Abdullah bin Abdulaziz Al Saud (1924 – 2015)

KAUST Destination Deep Tech 프로그램 (출처: KAUST)

두 단계로 진행되는 딥테크 스타트업 프로그램의 세부적인 설명이다.
(출처: KAUST Destination Deep Tech)

사우디 최초 혼성학교 '킹압둘라 과학기술대학교'_ 75

2023년 사우디의 투자부와 KAUST 관계자가 대한민국에 방한했다. 특히, KAUST에서는 "Destination Deep Tech"라는 프로그램을 자세히 소개했다. 프로그램은 크게 '온라인 상 3주 사전 준비 파트'와 '사우디 현지 3개월 집중 파트'로 구성되어 진행된다.

프로그램 링크: https://destinationdeeptech.kaust.edu.sa/

함께 공부하고 연구하는 교환 프로그램을 통해 한 단계 더 깊은 기술교류와 국제 협력이 이루어지길 바란다.

8. 사우디 공공투자기금 PIF

2022년 9월 19일~22일 사우디 국부펀드 두 곳이 우리나라를 방문했다. 서울시 차원에서 사우디아라비아 국부펀드를 초청해 방한이 이루어진 것은 이번이 처음이었는데, 이때 SVC와 함께 한국에 방문한 PIF Jada (Public Investment Fund Jada)가 있다.

(출처: PIF Jada)

PIF Jada는 사우디 공공투자기금(PIF)이 전액 출자한 자회사이다. 이는 사우디아라비아 빈 살만 왕세자가 주도하는 공공투자기금으로, 벤처캐피털과 사모펀드 생태계 촉진과 혁신산업 중소기업의 안정적인 경제 다각화를 지원하고 있는데, 현재 Jada는 IT, 금융, 게임, 부동산 등의 분야에 투자하고 있다.

사우디 국부펀드 PIF(Public Investment Fund, 이하 PIF)는 최근 몇 년간 미래형 첨단기술 분야에 매우 적극적인 행보를 보였다. 소프트뱅크 비전 펀드를 비롯하여 우버, 테슬라, 버진 갤럭틱, 루시드모터스 등 주요 기업들에 투자하며 아부다비 및 카타르에 이어 걸프의 新 국부펀드로서 주목받았다.

중동 지역 주요 국부펀드로 사우디의 PIF 및 중앙은행 SAMA 외에도 아부다비 투자청(ADIA), 카타르 투자청(QIA), 쿠웨이트 투자청(KIA), 아부다비 무바달라 투자회사(Mubadala Investment Company) 등이 있다.

PIF는 세계 9위 국부펀드로, 운용 자산 규모가 4,300억 달러(약 515조 원)에 달한다. 또한, 아시아의 게임 회사에 많은 관심을 두고 있으며 2022년 1~2월에는 일본 증시에 상장한 넥슨 지분을 매입하여 지분율 9.14%로 2대 주주에 올랐고, 2~3월에는 엔씨소프트 지분을 사들여 김택진 대표 다음 2대 주주(9.26%)로 올라섰다. 두 회사에 투자한 금액만 약 3조 원에 이른다.

PIF의 역사는 1970년대로 거슬러 올라간다.
1971년 국왕령으로 설립된 PIF는 1950년대 설립된 쿠웨이트 투자청과 함께 걸프 지역 내에서 가장 오래된 국부펀드이다. 그러나 PIF가 처음부터 사우디 정부의 글로벌 투자기관의 역할을 했던 것은 아니었다. 설립된 이래 수십 년간 PIF는 사우디 정부의 사우디 공기업에 대한 정부 소유지분의 지주회사로서만 존재했기 때문이다. 주변 걸프국의 국부펀드들은 제2차 오일붐 당시 석유 수출로 축적한 부를 적극적으로 해외자산에 투자했지만, 당시 사우디는 오일머니의 대부분을 사우디의 준 국부펀드로 기능했던 사우디 중앙은행 SAMA로 보내 상대적으로 안전자산인 미국 국채에 투자하는 방식을 택했다.

PIF의 역할이 점차 변화하기 시작한 것은 살만 국왕(Salman bin Abdulaziz Al Saud) 즉위 직후 2015년, PIF의 관할 기관이 바뀌면서부터이다. 기존에는 재무부(Ministry of Finance)에서 PIF를 관리해왔으나, 2015년 3월 각료이사회(Council of Ministers)가 PIF를 모함메드 왕세자(Mohammed bin Salman Al Saud)가 지휘하는 경제개발 위원회(CEDA, Council of Economic and Development Affairs)로 옮기면서 본격적으로 PIF의 역할이 사우디 정부의 글로벌 투자기관(global investment vehicle)으로 변화한 것이다.

현재 PIF는 CEDA 위원장인 모함메드 왕세자가 PIF 위원장을 겸임하며, PIF의 이사회는 모함메드 왕세자 측근의 기술관료(technocrats)들로 구성되었다. 이처럼 모함메드 왕세자가 PIF를 주도하며 PIF는 사우디 경제 개혁 과정에서 중심적 역할을 할 것으로 전망된다는 평가를 받았다. 다른 한편, 사우디가 오랜 기간 오일머니를 미국 국채 등 안전자산에 투자해온 만큼, 사우디 중앙은행 SAMA와 달리 PIF가 고성장 고위험도의 해외자산에 투자하는 적극적인 모습에 대한 우려의 시각이 존재하기도 한다.

PIF Jada와 SVC가 모두 한국의 게임과 e-commerce, AI 분야에 많은 관심을 두고 있어서 대한민국의 유니콘 기업과 투자 유치 설명회를 개최하기도 했다. PIF는 2022년 7월 유니콘(기업가치 1조 원 이상 비상장사) 게임사 대열에 합류한 시프트업을 방문하기도 했는데, 이는 지금까지 대형 상장사 위주로 투자한 것과는 다른 행보라고 해석할 수 있다.

최근 자본시장이 얼어붙으며 투자금을 찾지 못했던 중견 게임사들에 투자 물꼬가 트일 수도 있다는 기대가 나오고 있는데, 앞으로 PIF Jada와 함께 대한민국의 유망한 기업들이 활발한 해외 투자를 유치하여 세계로 뻗어 나가기를 응원하는 바이다.

9. 사우디 국기의 날 (Flag Day)

2023년의 일이다.

사우디가 2023년 왕실 법령에 따라 3월 11일을 '국기의 날'로 지정하고 국가 공식 공휴일로 선포했다.

사우디아라비아 정부에서 공식 승인한 국기 이미지이다
출처: https://saudiflag.sa/en

오늘날 우리가 사우디아라비아 하면 바로 떠올리는 이 국기는 1973년 3월 15일 국기 디자인의 표준이 정해졌다. 그러나 왜 국기의 날은 3월 15일이 아닌 3월 11일이 되었을까.

이는 1937년 사우디의 초대 국왕인 압둘아지즈 알 사우드 국왕(Abdulaziz bin Abdul Rahman Al Saud. 1932~1953 재임. 서양에서는 '이븐 사우드' Ibn Saud라고 불리기도 함)에 의해 처음으로 국제적으로 사우디의 국기가 선언되었기 때문이다. 즉, 1937년 3월 11일에 국기로써 공식 채택이 되고, 큰 틀에서는 유사하나 모양이 조금씩 다르게 제작이 되다가 1973년 국기의 표준 형태가 정해진 것이다.

이처럼 국기가 공식 채택되었던 3월 11일을 기념하여 현재 사우디의 국왕,

살만 빈 압둘아지즈 알 사우드 국왕(Salman bin Abdulaziz Al Saud)이 2023년부터 첫 번째 국기의 날을 제정했다. 국기의 날은 사우디의 국경일과 건국일에 이어 사우디의 세 번째 비종교적 법정 공휴일이 되었다.

살만 국왕은 3월 11일을 국기의 날로 지정한 것은 왕국의 통치 기본법과 국기법을 고려한 결과라고 밝혔다. 또한, 국왕은 "거의 3세기 동안 (사우디 국기는) 사우디 국가가 이끄는 국가의 통일(country's unification)을 지켜보았고, 국민은 깃발을 긍지와 품위(pride and elegance)의 상징으로 보았다"라고 말했다.

"The celebration of Flag Day is an affirmation of our pride in our national identity, its historic symbolism that has great connotations and profound implications, which embodies our constants, and a source of pride in our history."

"국기의 날을 기념하는 것은 우리의 국가 정체성과 심오한 의미를 지닌 역사적 상징주의에 대한 자부심 그리고 우리의 불변하는 역사에 대한 자부심의 원천을 재확인하는 것이다."

- 2023년 국기의 날을 기념하며, 살만 빈 압둘아지즈 알 사우드 국왕-

사우디 문화부는 국기의 날을 맞아 지난 3월 11일부터 3일 동안 연극 공연을 포함한 여러 문화예술 활동을 펼쳤고, 사우디 곳곳에서는 국기의 날을 축하하는 행사가 다양한 방식으로 열렸다. 앞으로 매년 3월 11일은 사우디 국민이 다 함께 국기의 의미를 되새기고 함께 즐거워하는 날이 될 것이다!

그렇다면 이제 사우디 국기가 어떻게 생겼는지, 어떤 의미를 담고 있는지 알아보겠다.

우선, 사우디의 국기법 13조에 따르면 국기는 하기(下旗)하지 않으며, 처음 게양된 이후 어떤 표면이나 지면, 물에 닿으면 안 된다. 사우디 국기는 세계 국기 중에서 특히 국기에 경외심과 찬미를 부여하기 때문에 죽은 왕과 지도자의 몸에 깃발을 감는 것은 금지되어 있으며, 국기를 언제나 높이 게양하고 있다. 일반적으로 슬픔을 표현할 때 국기를 내리는데 사우디에서는 이를 신성모독으로 간주하고 있다. 사우디 국기는 전 세계에서 거의 유일하게 국기를 내리지 않는 국가이기도 하다. 또한, 국기에 대한 경례를 하거나 고개를 숙이지 않는데, 무슬림은 오로지 신 알라에게만 절하기 때문이다.

그 이유는 바로 국기 중앙에 쓰인 문구 때문이다. 1973년 사우디의 국기법(Saudi Flag Act)에 의해 국기의 표준이 제정되었는데, 20조 항에 국기의 외형에 관한 사항을 규정하고 있다. 사우디 국기는 직사각형에 녹색 바탕을 하고 있으며, 중앙에 흰색 글씨로 다음과 같이 쓰여 있다.

There is no god but Allah, Muhammad is the Messenger of Allah
알라 외에 신은 없으며, 무함마드는 알라의 메신저
Shahada

이 문구는 '샤하다(Shahada)'이다. '샤하다'는 이슬람교의 신앙 고백 구절로, 이슬람의 다섯 기둥(Five Pillars of Islam)을 구성한다. 이는 이슬람 삶의 근본이며 반드시 지켜져야 하는 의무이다.

이렇게 신성한 신앙 고백을 담고 있는 국기이기 때문에 국기는 함부로 낮추거나 상업적으로 활용할 수 없는 것이다. '샤하다'는 신앙 고백과 더불어 사우디 왕국의 평화를 상징하며, '샤하다' 아래에 수평으로 놓인 검(Arab sword)은 '힘, 위엄, 지혜, 결속, 국가의 통합'을 상징한다. 즉, 사우디 국기는 왕국의 투쟁과 단합의 이정표라고 할 수 있다.

사우디의 서예가 살레 알 만수프(Saleh al-Mansouf)는 국기에 새겨진 '샤하다'를 직접 손으로 쓰고 국기의 검을 그린 것으로 유명한 서예가이다. 그가 50여 년 전 국기를 그릴 때는 인쇄 기술이 충분히 발달하지 않아 흰색 염료를 사용하여 손으로 '샤하다'를 쓰고 검을 그렸다.

안타깝게도 그는 사우디가 처음으로 '국기의 날'을 맞이하기 불과 몇 시간 전에 86세의 나이로 세상을 떠났다. 생전에 아랍어 서예 및 이슬람 장식 학위를 받고, 아랍어 서예를 위해 한평생 재능을 연마했던 그는 마지막 공개 석상에서 깃발에 '샤하다'와 검을 쓰는 방법을 현대화한 과정에 관해 자신의 이야기를 들려주었다. 그는 현대 국기의 표준이 된 깃발은 전쟁에서 사용되었던 알 무타리프(Al-Mutarrif)로 알려진 깃발이라고 전했다. 알 무타리프의 깃발은 같은 깃발에 천을 놓고 바느질한 다음, 깃발의 글자가 더욱 두드러지도록 끝을 자르는 방식으로 꿰매었다고 설명했다.

그러나 이 깃발은 무게감이 있었으므로 좀 더 무게를 줄이고 휴대하기 쉬운 방식으로 디자인해달라는 요청을 받았고, 오늘날 국기의 모습으로 만들었다 한다.

또한, 그는 현대의 깃발이 알 사우드 통치자들이 첫 번째 사우디 국가에서 종교를 전파하고 영향력을 확대할 때 들고 다녔던 깃발에서 물려받은 것이라고 설명했다. 당시 깃발의 색은 오늘날과 같이 녹색이었고 가장 좋은 비단으로 만들어졌다. 현재의 사우디 국기는 1727년 이맘 모하메드 이븐 사우드(Imam Mohammed Ibn Saud)가 왕위에 오르고 제1 사우디 국가가 수립된 이후 군인들이 들고 다녔던 깃발과 동일하다.

근 300년 동안, 이 국기는 사우디 국가가 겪은 역사적인 순간들을 함께해 왔다. 그걸 알고 보니 2023년 3월 11일을 국기의 날로 제정한 사우디 국왕이 '국기에는 사우디 왕국의 역사적 자부심과 국가 정체성이 담겨있다'라고 한 말의 의미가 조금 더 와 닿는 것 같다.

10. 사우디 스포츠

'FIFA 카타르 월드컵' 경기와 무함마드 빈 살만 왕세자의 방한으로 중동 국가에 관한 관심이 어느 때보다 뜨거웠다. 특히 최약체 팀으로 평가받던 사우디아라비아 축구 국가대표팀이 C조 조별 리그 1차전에서 아르헨티나를 2 대 1로 이긴 후, 사우디 정부가 경기 다음 날을 임시 공휴일로 선포하기도 했다.

사우디는 축구 같은 현대 스포츠뿐 아니라 전통 스포츠도 인기가 있다. 아라비아반도 사람들은 수천 년 동안 경마, 낙타 경주, 매사냥, 사냥개 사냥 등의 스포츠를 즐겨왔다.

사우디에는 스포츠 시티라고 불리는 거대한 스포츠 단지도 있다. 최대 6만여 명을 수용할 수 있는 경기장, 5천 명을 수용할 수 있는 실내경기장, 올림픽 규모의 수영장, 실내외 코트, 운동장, 회의장으로 구성된 스포츠 복합문화 단지라 할 수 있다.

특히 사우디 축구 리그의 하이라이트는 '킹스컵'으로 알려진 챔피언십 토너먼트이다. 해당 시즌에는 많은 사람이 모여 함께 응원하기도 한다. 축구 외에도 배구, 체조, 수영, 농구 등의 스포츠가 사우디인들 사이에서 인기를 얻고 있다. 또 경마가 사우디에서 가장 인기 있는 스포츠 중 하나인데 이슬람 국가의 경우 도박은 금지돼 있기에 도박은 불가능하다.

지역주민들은 수 세기 동안 경주와 교통수단을 위해 말을 사육해 왔다. 아라비안 종마(Arabian horse)는 수천 년간 이어져 온 혈통을 가지고 있고 세계에서 가장 인기 있는 품종 중 하나이기도 하다. 낙타 경주도 인기 있는 전통 스포츠인데, 과거에는 경주에 수천 마리의 낙타가 광활한 사막을 질주했지만, 오늘날에는 현대적인 경마장에 맞게 규칙이 수정됐다. 낙타 경주는 겨울 동안 매주

월요일 리야드 스타디움에서 개최되기도 한다.

  사우디 사람들은 물론이고 중동 대부분 지역의 사람들은 낙타 경주를 워낙 좋아해 코로나19가 창궐했던 시기에도 이 낙타 경주만큼은 개최됐다.

  그 외 다른 전통 스포츠로는 사냥개를 이용한 사냥과 매사냥이 있다. 매사냥의 경우 우리나라 고려시대에도 매사냥 문화가 있었기에 한국과 중동의 공통문화라 할 수 있다.

⇧ 양국의 공통문화 중에 매사냥이 있다. 대한민국은 고려 시대에 있었고, 중동 국가 대부분에서는 여전히 매사냥을 즐긴다. 심지어는 골프 전문 채널이 있듯이 매사냥 전문 채널이 있을 정도다. 중동 특화 콘텐츠를 제작할 때 대한민국과 현지 국가의 문화에 관해 깊이 연구하고 이를 접목하는 것은 매우 중요한 태도다.

  사우디 게임은 사우디의 가장 큰 국가 스포츠 행사다. 2022년 10월 27일부터 11월 7일까지 리야드에서 개최됐으며 6천 명 이상의 선수가 참여하고 45개 종목의 스포츠로 이뤄진다. 종목은 양궁, 육상, 배드민턴, 농구, 낙타, 체스, 사이클링, 승마, 펜싱, 골프, 체조, 핸드볼, 실내조정, 유도, 무에타이, 사격, 스케이트보드, 클라이밍, 스쿼시, 수영, 탁구, 태권도, 테니스, 배구, 역도 등이 있다.

특히 올해 사우디 게임의 홍보영상을 알 마스막 요새에서 촬영했는데 세계적으로 유명한 랠리 선수인 야지드 무함마드 알라지가 촬영하기도 했다.

⇐ ⇑ 유명 랠리 선수인 야지드 무함마드 알라지(Yazeed Mohamed Al - Rajhi)는 운동 선수이자 비즈니스 맨이다. 사우디에서는 가장 영향력 있고, 닮고 싶은 스포츠 스타이기도 하다.

사우디는 스포츠를 대단히 좋아한다. 사우디가 '사우디 비전 2030'에서 발표한 바와 같이 자국의 스포츠와 엔터테인먼트 산업을 육성하는 데 공을 들이고 있다. 이를 통해 사우디가 스포츠를 굉장히 사랑하고 또 스포츠 산업 육성을 위해 애쓰고 있다는 사실을 엿볼 수 있다.

최근 네옴시티에 대한 대한민국의 관심이 뜨거운데 스포츠 산업의 공동 진출도 같이 고민해야 할 때다. 대한민국의 스포츠 산업에 대한 노하우를 매개로 다양한 협력이 이뤄지기를 기대해 본다.

11. 2029 동계아시안게임

  2022년 10월 4일 캄보디아 프놈펜에서 열린 총회에서 사우디아라비아 네옴시티가 2029년 동계아시안게임 개최지로 선정됐다. 총회 직후 아시아올림픽평의회(OCA)는 "사막과 산들이 겨울 스포츠의 무대가 되는 흥미로운 장면을 기대해도 좋다"라고 발표했다.

  현재 건설 중인 세계 최대 규모의 스마트시티 네옴시티에서 아시아 겨울 종목 제전을 치를 예정인데, 이는 동계 아시안 게임을 유치하기로 결정된 것은 중동 지역 최초이다.

  "네옴시티(NEOM City)" 사업은 앞의 글에서 다룬 바를 다시 한번 정리하자면, 사우디아라비아 정부가 탈석유 정책의 하나로 내세운 저탄소 친환경 스마트 신도시 계획이다. 무함마드 빈 살만(Mohammed bin Salman) 왕세자가 추진하고 있으며 그린 수소·태양광·풍력 등 친환경 에너지의 생산 기반을 갖추고 로봇이 물류와 보안, 가사노동 서비스를 담당하는 친환경 스마트 신도시이다.

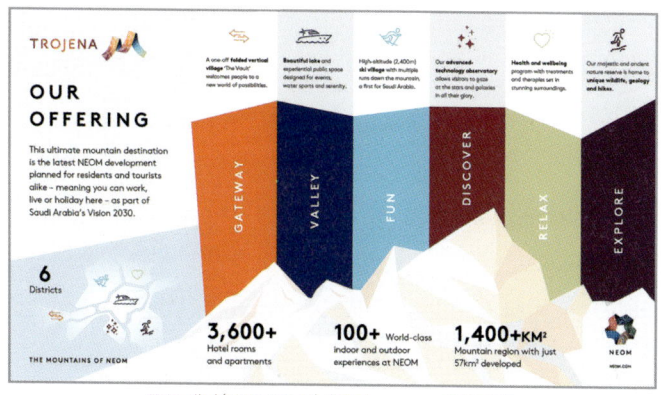

트로제나(TROJENA) (출처: neom 홈페이지)

네옴시티는 자급 자족형 직선 도시 더라인, 첨단 산업 단지 옥사곤, 대규모 친환경 관광단지 트로제나 등으로 구성되는데, 사우디아라비아 측에 따르면 2029 동계아시안게임은 네옴시티 인근 산악 지역인 트로제나(TROJENA)에서 열린다고 발표했다.

트로제나 구상 모습 (출처: 2022 NEOM 공식 홈페이지)

트로제나(TROJENA)는 생태 관광의 원칙에 기초한 초대형 자연 관광단지이다. 자연 지역의 심장부에 있는 Aqaba만 해안에서 50km 떨어진 곳에 있으며, 해발 고도는 1,500m에서 2,600m에 달하고 면적은 거의 60평방 킬로미터이다. 자연과 개발된 경관이 조화를 이루며, 계절마다 즐길 수 있는 축제, 생태 체험 및 산악 관광이 이루어질 것이라 예상된다. 또한, 해당 구역에는 호텔, 리조트, 기타 편의시설 등 대형 관광시설 및 단지가 들어설 계획이라고 한다.

또한, 인공 담수호와 함께 1년 내내 야외 스키와 각종 스포츠 활동이 가능하다고 하니, 트로제나에서 열릴 2029 동계 아시안 게임이 더욱 기대가 된다.

12. e-Sports 강국을 꿈꾸는 나라 사우디

2023년 9월에 열리는 항저우 아시안게임에서 e-스포츠가 정식종목으로 최초로 채택되었다. e스포츠는 일반적인 스포츠와 달리 육체적인 능력보다는 정신적인 능력을 위주로 펼쳐나가기 때문에 정신 스포츠(멘탈 스포츠, mental sports)로 분류되며, 컴퓨터 및 비디오 게임을 통해서 경쟁해나가는 스포츠의 개념이다.

1990년대 후반 이후부터 게임 산업이 본격적으로 발전하고 프로게이머가 등장했는데, 이전에는 게임을 단순 오락으로 치부하며 부정적이던 사회적 인식이 긍정적인 방향으로 변화하고 신산업의 일종으로 수용되기 시작했다. 그리고 오늘날에는 e-스포츠(e-sports)로 불리게 되었다.

e-스포츠는 비디오 게임을 통해서 이루어지는 스포츠를 일컫는 말이다. e-스포츠(전자 스포츠) 진흥에 관한 법률 제2조 제1호의 정의에 의하면 "게임물을 매개(媒介)로 하여 사람과 사람 간에 기록 또는 승부를 겨루는 경기 및 부대 활동"을 말한다.

e-스포츠 산업은 2016년부터 꾸준히 성장해왔다는 것이 보인다. e-스포츠(electronic sports, e-sports)의 열기는 나날이 뜨거워지고 있다. 그중에서도 e-스포츠에 대대적인 투자를 하며 향후 게임 강국을 꿈꾸는 나라, 바로 사우디아라비아이다!

* 사우디 국부펀드(PIF)의 e-스포츠 투자

2022년 1월, 사우디아라비아 국부펀드인 퍼블릭인베스트먼트펀드(PIF)는 산하에 사비게임스그룹(Savvy Games Group·이하 사비)을 신설하여 독일 e-스포츠 제작 회사인 ESL Gaming과 영국의 e-스포츠 플랫폼인 FACEIT를 인수하고, 본격적으로 게임 산업에 뛰어들었다.

PIF는 일본의 Capcom(약 3억 3200만 달러의 지분), Nexon(8억 8300만 달러의 지분)의 지분을 인수하고, 미국의 게임 회사 세 곳(Electronic Arts, Take-Two Interactive Software, Activision Blizzard)의 지분도 보유하게 되었다.

사비게임그룹은 앞으로 사우디아라비아에 250개의 게임 회사를 설립하고, 이를 통해 3만 9000개의 일자리를 창출할 계획이다. 또한, 사비는 이를 통해 자국 GDP에 대한 기여도를 500억 리얄(약 19조 원, 133억 달러) 높이는 것을 목표로 하고 있다고 밝혔다.

"사비는 사우디아라비아를 2030년까지 게임, e-스포츠 분야의 글로벌 허브로 만들 야심 찬 전략의 일부. 우리는 이 분야를 통해 경제 다변화를 이루고, 미개척 분야의 잠재력을 활용할 것"

– 모하메드 빈 살만 사우디 왕세자 (사비의 회장)

* **사우디 e-스포츠 시장에 대한 전망**

Boston Consulting Group(BCG)의 보고서에 따르면 사우디 e-스포츠 시장은 2021년에 10억 달러에 달했고, 2030년까지 68억 달러에 이를 것으로 예상한다. 중동 지역에서 가장 큰 시장을 보유한 사우디는 걸프만의 게임 강국으로 떠오르고 있는데, 물론 사우디가 넘어야 할 몇 개의 산이 있기도 하다.

다른 국제 시장과 비교하면 아직은 게임 산업이 초기 개발 단계에 있기 때문에 더 많은 자금을 확보할 필요가 있고, 사우디 내에서는 게이머가 프로게이머로 성장하기 위한 뚜렷한 경로가 아직 없으므로 게이머가 경력을 쌓고 공정한 경쟁이 진행될 수 있는 환경을 조성해야 하기 때문이다.

그런데도, 사우디가 가진 잠재력은 막강하다.

중동의 3개 국가 사우디아라비아, 아랍에미리트, 이집트의 게임 시장을 비교하면 아랍에미리트와 이집트는 2021년에 게임 산업을 통해 각각 5억 2천만 달러와 1억 7천 2백만 달러의 수익을 달성하며 사우디 다음으로 활발하게 게임 시장을 확대해 나가고 있는데, 현재 시장 규모는 사우디아라비아가 압도적이다. 세 국가의 시장규모에서 사우디아라비아가 차지하는 비중은 무려 58.7%다.

게이머 수는 이집트가 세 국가 게이머 수의 58%를 차지하며 사우디보다 많지만, 현재 사우디의 PIF가 게임 산업에 대대적인 투자를 진행하고 있는 만큼 사우디의 시장 경쟁력은 중동 지역에서 1위를 유지할 것으로 예상한다.

2015년, FIFA의 인터랙티브 월드컵에서 사우디 선수(Abdulaziz Alshehri)가 최초로 우승했다. 2018년에는 Mossad Aldossary가 그 뒤를 이어 FIFA eWorld Champion으로 선정되었으며 2019 FIFA Champion Cup에서도 1위를 차지했다.

사우디아라비아의 Mosaad MSDossary Aldossary가 2018년 8월 4일 영국 런던의 O2 아레나에서 열린 FIFA eWorld Cup 2018 결승전에서 벨기에의 Stefano Pinna를 물리친 후 승리를 자축하는 모습이다. 그는 우승 상금으로 상금 250,000달러를 획득했다.

(출처: 2020FISU esports Challenge Football)

막을 내리면서 국제대학스포츠연맹(FISU)의 70년 역사에 새로운 시작을 알린 최초의 가상 토너먼트 경기 2020 FISU eSports Challenge Football에는 전 세계에서 참가자가 참여했다.

경기의 첫 번째 e-시리즈는 2020년 7월 6일 12명의 여성 선수와 32명의 남성 선수로 시작하여 7월 16일까지 진행되었으며 선수들은 5개 대륙 대학 스포츠 연맹 전체에서 30개 이상의 대학을 대표했다. 최종적으로 사우디아라비아의 Mohammad Ibn Saud 이슬람 대학의 Najd Fahad가 여성 부문에서 우승을 차지하며 e-축구 타이틀을 획득한 최초의 사우디 여성이 되었다!

13. 호날두와 Al - Nassr FC

최근 사우디아라비아는 또 한 번의 주목을 받게 되었다. 바로 호날두의 영입 소식으로 모두의 궁금증을 자아낸 것이다. 천문학적인 금액으로 호날두를 영입한 축구 구단이 바로 사우디아라비아의 축구 구단인 알 나스르 FC(Al-Nassr)다.

호날두는 세계 최고의 축구 스타 중 한 명으로 맨체스터 유나이티드, 레알 마드리드, 유벤투스 등 세계에서 가장 인기 있는 축구리그 선수이며 최근 사우디아라비아의 알 나스르 FC로의 영입 소식으로 뜨거운 관심을 받고 있다. 화려한 타이틀을 뒤로하고 처음으로 유럽 밖에서 활동하게 되었는데, 그것도 미지의 세계인 사우디아라비아다.

(출처: 로쉰 사우디 리그 (ROSHN Saudi Ligue)

알 나스르 FC는 사우디아라비아의 수도 리야드를 주축으로 활동하는 축구 구단이다. 사우디아라비아의 로쉰 사우디 리그 RSL(Roshn Saudi League)에서 뛰고 있다. 로쉰 사우디 리그는 사우디의 국영 부동산 개발업체 Roshn이 후원, 투자하는 리그로 현재 16개의 팀으로 이루어져 있다. 그중 알 나스르는 현재 리그 1위를 지키고 있으며 호날두에게 2,700억의 연봉을 주는 사우디 구단이다.

사우디 2030 비전 중 주요 키워드인 스포츠, 문화 엔터테인먼트 증진에 축구가 주는 힘이 대단히 클 것이라 예상되는데, 알 나스르의 호날두 영입 또한 이러한 개혁의 반증이라 할 수 있다.

최근 2022 카타르월드컵의 사우디아라비아와 아르헨티나의 경기는 세계인의 관심을 이끌었는데, 최초의 중동 지역 월드컵과 우승국 아르헨티나를 이긴 사우디아라비아를 보며 '스포츠에 진심인 중동'이라는 인식을 선명하게 남겨주었다. 이러한 예상 밖의 시나리오는 세계를 놀라게 하고 있다.

알 나스르 FC 선수들은 노란색, 파란색의 유니폼을 입으며, 홈그라운드는 리야드의 므르술 파크(Mrsool Park)다. 앞으로 호날두의 경기를 보러 온 팬들로 므르술 파크는 문전성시를 이룰 것이다.

이미 호날두와 알 나스르의 계약 소식에 호날두 유니폼을 사기 위해 시민들이 몰려들기도 했는데, 호날두의 등번호 7번 유니폼을 얻기 위해 중동에서도 오픈런하는 모습이다. 유니폼은 순식간에 품절이 되었고 그 대신 가지고 있는 알 나스르의 유니폼에 호날두의 등 번호를 새기는 방법도 나왔다.

호날두는 알 나스르 입단식에서 '사우디 축구뿐 아니라 젊은 세대의 생각을 바꾸는 것은 나에게 대단한 기회로 봤다'라고 전했는데, 유럽과 브라질, 미국이 아닌 미지의 세계로 발을 돋는 용기와 사우디의 변화를 바라는 그 뜻이 이루어질지 궁금하다.

Ⅲ. GCC의 강자들

걸프협력회의 GCC(Gulf Cooperation Council)는 1981년에 페르시아 만의 6개 산유국이 협력을 강화하기 위해 결성한 지역협력 기구이다.

회원국으로는 사우디아라비아, 쿠웨이트, 아랍에미리트, 카타르, 오만, 바레인 등의 6개국으로 이루어져 있다.

그중에서도 앞서 언급한 사우디아라비아뿐만 아니라, 아랍에미리트와 카타르를 조금 더 다뤄보겠다.

특히, 아랍에미리트는 어떤 부분에서는 사우디의 멘토였다가, 때로는 경쟁 관계를 이루기도 한다. 포스트 오일 시대를 대비하여, 중동 권역에서 최고의 마케팅 및 무역 국가 브랜딩을 통해 중동의 대표적 국가로서 선점한 곳이기도 하다.

또한, 카타르의 경우 대한민국과는 천연가스 수입을 비롯한 다양한 협업을 하고 있으며, 카타르 월드컵을 통해 세계에 많이 알려졌고, 대표적인 언론사인 알자지라 방송국을 통해 세계와 소통하고 있다. 사우디아라비아나 아랍에미리트에 비해 상대적으로 덜 알려진 편이다.

국제관계는 살아있는 생명체와 같다.

각국의 입장과 산업 분야마다 관점은 상이한데, GCC 국가들 챕터에서 그 모든 분야를 다룰 수는 없겠지만, 얽히고설켜 있는 인과 관계와 대한민국 입장에서 참고해야 할 부분들을 중심으로 다뤄보고자 한다.

1. 아랍에미리트

[한국 아랍에미리트 특집 방송 송출 화면 출처:아부다비 TV]
⇧ 아랍에미레이트 국영 방송인 알 아부다비 TV 및 알 이마라츠 TV에서 24시간 생중계를 했던 화면이다. 현지 교민들이 TV에서 대한민국의 국기가 하루 종일 펄럭이는 모습을 보며 깊은 감동을 받았다고 전해왔다.

⇦ 두바이 미디어 정부(DMI) 책임자들과의 미팅 중에, 한국 콘텐츠에 관한 이야기가 나왔다. 특히, 두바이의 여성들은 한국 콘텐츠에 무척 관심이 많다.

1) 플랜 아부다비

아랍에미리트(The United Arab Emirates, 아랍에미리트연합국)는 아라비아 반도의 7개 에미리트국(Emirate)들이 연합하여 형성된 국가이다.

2022년 현재 약 1천만 명의 인구를 보유하고 있으며, 세계에서 31번째의 경제력을 가지고 있다. 중동, 아프리카 지역에서 사우디아라비아를 뒤이어 경제력 2인자의 자리를 지키고 있으며 GDP는 중동 내 4위이다. 전 세계의 8%의 오일을 보유하고 있으며 그 양은 세계에서 6번째의 보유량이다.

(출처: Abu Dhabi)

이러한 아랍에미리트의 수도는 바로 아부다비(Abu Dhabi)이다. 아부다비는 세계에서 가장 빠르게 성장하고 있는 도시 중 하나인데, 전 세계 6번째 석유 매장량을 보유하고 있지만, 현재 탈석유화를 외치며 빠르게 변화하고 있다.

이러한 변화의 움직임 속에서 아부다비의 교통, 자동차 산업 분야는 다양한 전략들을 펼치며 현재 놓인 위기를 극복해 가고 있다.

(출처: Abu Dhabi)

아랍에미리트 아부다비에는 탄소 제로 실천에 앞장서는 아부다비 교통부 ITC(Integrated Transport Centre)가 있다. 탈석유화를 통해 친환경 도시로 탈바꿈하기 위한 정부 기관으로서 아부다비 ITC의 다양한 정책들은 다음과 같다.

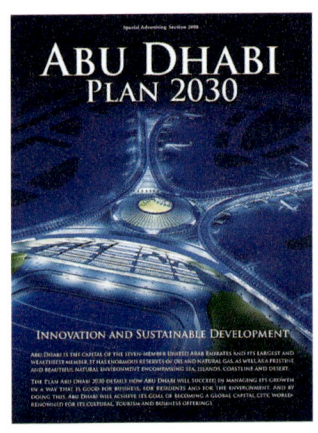

(출처: Plan Abu Dhabi 2030)

Plan Abu Dhabi 2030은 2030년까지 아부다비의 비전과 도시발전 방향을 제시하며 아부다비의 새로운 도시개발 수요에 맞춰 체계적인 방향을 나타내고 있다. 이 계획은 교통, 자연환경, 토지 이용, 오픈 스페이스(Open Space), 도시 디자인, 주택, 경제 등 모든 분야의 정책 가이드라인을 제시한다. 더 나아가 2030년 아부다비의 3백만 명의 인구를 수용할 수 있는 교통 인프라를 구축하도록 방향을 제시하고 있다.

아부다비 교통부는 Plan Abu Dhabi 2030 계획에 부합하도록 육상 교통과 화물, 도보, 자전거 교통에 관한 계획을 발표했다. 대중교통을 이용자 편의에 맞춰 계획 및 운행하여 대중교통의 이용률을 높이고 개인 승용차 통행을 감소시키는 목적인 것이다. 이를 위해 교통 통합과 연계를 통해 편리한 환승 시스템과 접근성을 가진 복합 수송 네트워크를 구축할 계획이다.

이에 더해, 전자 지불 제도와 실시간 교통 정보를 도입하는 여러 정책을 시행하여 장기적으로 개인 교통수단을 억제하고 탄소 배출을 감축시키는 것을 목표로 하고 있다.

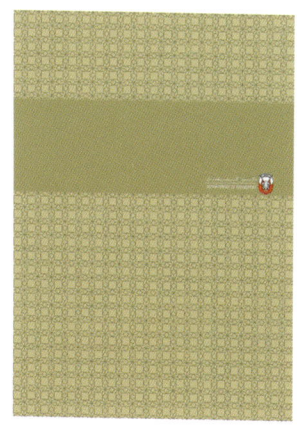

(출처: Surface transport master plan)

아부다비 교통부 ITC는 아부다비의 대중교통인 버스, 페리, 택시를 운영 및 감독하고 있으며, 교통 수요 감축과 개인 승용차 사용량을 억제하는 그린시티 전략으로 카 셰어링, Park And Ride, E-scooter, 직원 통근버스 서비스, 도보 및 자전거 활성화 전략 등 다양한 계획을 구현하고 있다.

현재 아부다비에서는 이 계획에 따라 지속적인 개발을 통해 대중교통을 운영하고 있는데, 현재 버스는 800여 대이며 이동 루트는 140여 개에 달한다. 또한, 2022년 상반기 이용객 수 3,300만 명을 기록하며, 이용객들이 아부다비 내 대중교통 시스템에 대한 높은 만족감을 보였다.

일례로, 스마트 교통카드를 이용하여 버스 요금을 지불하고, 아부다비와 교외 지역으로 통행 시 무제한 이용할 수 있는 시스템을 마련하였다. 이용객들을 위한 이용 편의 증진에 힘쓰며 카드 이용 시 지역 간 버스 요금이 할인되고, 모든 버스에는 장애인을 위한 휠체어 사용 공간을 마련하는 등의 계획을 실천 중이다.

(출처: Abu Dhabi Transport Mobility Management(TMM))

아부다비는 2030년까지 14개의 버스 터미널, 1천 150개의 버스를 갖추고, 일일 이용 승객 23만 명을 목표로 하고 있다. 또한, 2050년까지 탄소 제로에 도전하고 있는 아부다비인 만큼 2050년까지 아부다비 내 모든 공공버스를 그린 버스로 변경하는 계획을 갖고 있다. 그렇기에 수소 버스와 상용화를 위한 인프라 구축, 충전 시스템에 많은 관심이 있다.

최근 ITC 관계자들이 창원특례시를 방문하여 수소 버스 운영 사례 등을 검토하고 해당 분야의 의견을 공유하는 등 막대한 관심을 가진 바가 있다. 앞으로 아부다비와 한국 첨단 기술과의 더욱 깊은 협업이 필요한 때이다.

[두바이를 이끄는 지도자들 사진]
⇧ 오른쪽 사진은 두바이 통치자인 셰이크 하셔 빈 막툼 빈 주마 막툼 궁전에 차세대 통치자인
셰이크 함단 빈 무함마드 알 막툼이 방문했다.
두바이의 왕족들은 정치, 경제, 생활 전반에 대해 공식 석상뿐 아니라,
일상에서도 긴밀하게 소통하여 발전적인 대화를 나눈다.
(Sheikh Hamdan bin Mohammed Al Maktoum : 출처 Maktoum office)

⇧ 두바이의 지도자에게, 대한민국 전통복인 한복에 대해 설명드리고,
한복을 입은 곰인형을 선물해 드렸는데, 무척 좋아하셨다.

2) 탄소제로, 마스다르 시티

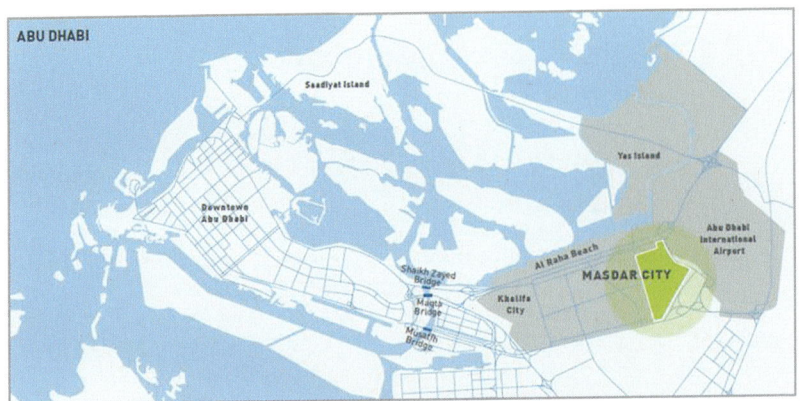

⇧ 탄소제로, 마스다르 시티 위치이다. 아부다비에서 17km 정도 떨어져 있는 이 도시는 영국 건축회사인 Foster and Partners가 설계했다.

글로벌 도시화와 인구 증가는 기후 변화를 촉진시키고 세계의 천연자원을 고갈시키고 있다. 이러한 흐름 속에 도시가 주도적으로 나서서 다가올 미래에 대비해야 한다. 이때, 모두를 위한 보다 지속 가능한 미래를 실현하는 대표적인 곳이 중동에 있다.

마스다르 시티(Masdar City)는 아랍에미리트 아부다비의 계획도시로 친환경적이고 지속 가능한 도시를 만들고자 하는 아부다비 정부 프로젝트로 세워졌다. 아부다비에서 17km 정도 떨어져 있는 이 도시는 영국 건축 회사인 포스터 앤 파트너스(Foster and Partners)가 설계했다.

이 도시는 청정 기술기업을 위한 허브로 설계됐으며, 태양 에너지나 재생 가능한 에너지원으로 운영된다. 아부다비의 다른 건축물보다 에너지와 물을 약 40% 덜 소모한다.

이곳에는 국가 재생 에너지 기구(The International Renewable Energy Agency's, IRENA) 본부가 있다. 마스다르 시티의 'Estidama'(지속가능성의 아랍어)를 위한 사회적, 환경적, 경제적, 문화적 방안을 구체화하는 역할을 한다.

이곳에 있는 또 다른 주요 건물로는 지멘스 중동 본사(Siemens Middle East HQ)도 있다. 지속 가능한 재료를 사용하는며 에너지를 효율적으로 관리하는 이 건축물은 최초의 그린빌딩 인증 '3 Pearl Estidama' 및 국제 친환경 건축 인증제도 'LEED 플래티넘'을 받은 오피스 빌딩이다. LEED 인증은 플래티넘(Platinum), 골드(Gold), 실버(Silver), 일반 인증(Certification) 순으로 등급이 높다.

마스다르 연구소 캠퍼스(Masdar Institute Campus)는 도시의 핵심 공간이다. 교수, 학생들의 생활공간과 4개의 연구 센터가 있는데, 이 건축물은 물을 54%, 전기를 51% 적게 사용하고 태양 에너지로 전력을 공급받으며 뜨거운 물의 75%가 태양으로 가열된다.

⇦ 마스다르 시티의 지식센터(The knowledge centre)dlek. 독특한 지붕은 냉각 부하를 최소화하고 자연광을 제어하는 역할을 한다.

마스다르 인스티튜트(Masdar Institute)의 독특한 지붕을 살펴보자. 이곳은 지식센터(The Knowledge Centre)이다. 독특한 지붕은 냉각 부하를 최소화하고 자연광을 제어하는 역할을 한다. 또 내부의 실험실(Laboratories)은 최첨단 시설을 갖추고 있는데 반도체, 나노기술, 클린 모빌리티, 항공 우주공학 등 아부다비의 성장을 견인하는 주요 연구가 이뤄지고 있다.

  지속 가능한 미래 솔루션을 제공하는 친환경적이고 혁신적인 도시 마스다르 시티는 아랍에미리트의 빼놓을 수 없는 핵심으로 성장하고 있다. 척박한 사막의 나라, 아랍에미리트는 역설적이게도 친환경에 대한 굉장히 적극적이고 개혁적인 정책을 많이 펼치고 있다. 2023년에는 COP28이 개최될 예정이기도 하다. 한국과 새로운 중동, 신중동의 대표주자인 아랍에미리트와 함께 협력해 나갈 수 있는 일이 더욱 많아지기를 바란다.

⇧ 중동-한국 온라인 비즈니스 미팅에 참석한 중동 투자사 참석한 모습이다.
코로나19로 잠시 이동은 멈췄지만, 비즈니스는 멈춘 적이 없었다.

3) 중동 아프리카 최초의 엑스포, 2020 두바이 엑스포

위에서 바라본 두바이 엑스포 전시장 전경 (출처: 두바이 엑스포 2020 공식 홈페이지)

아랍에미리트의 두바이는 'MEASA(Middle East, Africa and South Asia)' 최초의 엑스포 개최지이자 세계에서 14번째 엑스포를 개최한 도시이다.

'엑스포 2020 두바이(Expo 2020 Dubai)'는 코로나 19 팬데믹 상황으로 인해 연기되어, 2021년 10월 1일부터 2022년 3월 31일까지 열렸다.

⇧ 국제 공식 엑스포인 '엑스포 2020 두바이(Expo 2020 Dubai)'가 코로나 19 팬데믹 상황으로 인해 2021년 10월 1일부터 2022년 3월 31일까지 열렸다. (출처: 엑스포 2020)

특히, 중동 기후의 특성상 한여름을 피해서 가을에 시작하는 것은 매우 이례적이다. 엑스포 2020 두바이는 192개국 2,500만 명의 방문객이 참여하며 성공리에 마무리가 되었다. 엑스포 총면적은 438ha(135만4950평)의 역대 최대 수준으로 개최된 것으로 기록되었다.

두바이 정부는 2016년 두바이 연간 예산 126억 달러의 36%에 해당하는 약 45억 달러를 두바이 엑스포를 준비하기 위한 사회기반시설을 위해 사용할 정도로 적극적인 지원을 했다. 여기에는 지하철 확장 공사, 엑스포 부지 건설을 위한 대대적인 투자 등 엑스포 성공 개최를 위한 대대적인 건설과 투자가 포함되었다.

3개의 소주제: 기회, 모빌리티, 지속가능성 (출처: 엑스포 2020)

● **주제(Theme)** = 엑스포 2020 두바이의 메인 주제는 'Connecting Minds, Creating the Future'였다. 한국어로는 '마음을 모아 미래를 창조한다.'인데, 이는 빠르게 변화하는 세상의 요구에 맞춰 범세계적인 협업의 필요성을 강조한 것이다. 소주제는 '기회(opportunity), 이동성(mobility), 지속 가능성(substantiality)'이다.

모든 국가는 주제에 맞게 3개 구역 중 한 곳으로 배정했다. (출처: 넥스 블로그)

● **꽃잎(Fetal)** = 엑스포 2020 두바이 사이트의 건축 구조는 꽃 모양인데, 꽃잎에 해당하는 3개 구역마다 앞서 말한 소주제가 있다. 각 참여국의 국가관에서는 국가별로 주제를 정하게 되는데, 해당 국가의 주제에 맞는 꽃잎 쪽에 배치가 됐다. 다시 말해 각 국가관의 위치는 각 주제에 맞춰 꽃잎 방향의 외부에 배치했다. 대한민국 국가관의 경우 이동성(mobility)을 주제로 삼아 참여했다.

두바이 엑스포에는 모든 국가가 자체 전시관을 운영했다. (출처: 넥스 블로그)

● **국가관(National pavilion)** = 두바이 엑스포에서는 192개 국가의 국가관을 통해 세계의 문화와 첨단기술을 접할 수 있고, 또한 다양한 형식과 창의적으로

해석한 건축을 만났다. 그중 가장 큰 규모의 국가관은 엑스포 주최국인 아랍에미리트(1만5000sqm)이고, 사우디아라비아(1만1000sqm)가 두 번째였다.

아랍문화와 연관된 다양한 이벤트들 (출처: 넥스 블로그)

● 이벤트(Event) = 엑스포 기간 중에는 주제관, 국가관 전시 외에도 다양한 이벤트가 개최됐다. 이벤트들은 마케팅 도시 두바이를 닮았다. 예를 들어 이벤트의 다수는 만찬을 포함한 네트워킹 컨셉으로 이뤄졌으며, 만찬권을 엑스포 입장권과 연결하여 판매하는 등 입장 유도에 있어서도 다양한 아랍 상인 특유의 상술을 느껴볼 수 있는 부분이다.

엑스포 기간의 유익한 부대행사들 (출처: 넥스 블로그)

● 주간(Week) = 두바이 엑스포에서는 주제별 주간(Week)을 마련하여 주제

에 맞는 행사를 했다. 가령 환경 주간 기간에는 환경과 맞는 주제의 부대행사나 포럼 등을 개최하고 산업별, 주제별로 심도 있는 논의와 네트워킹이 이뤄질 수 있도록 기획하고 진행했다.

마이스 산업 핵심 공간이 된 두바이 전시 센터 (출처: 넥스 블로그)

● **마이스(MICE)** = 엑스포 2020 두바이 사이트 내에 총 4만 5,000sqm 규모의 전시장 '두바이 전시 센터(Dubai Exhibition Center)'를 지었다. 이곳은 셀러브레이션 센터이기도 하다. 이곳에서는 지금까지 두바이에서 개최되던 전시 산업에 영향을 주지 않기 위해 기존에 개최되던 전시회가 아닌 새로운 주제의 전시회 컨셉만 가능하게 준비했다. 특히, 엑스포 개최 이후에도 마이스(MICE) 산업의 중요성을 인지하여 전시장을 레거시(문화유산)로 남겨 18만 sqm로 확대 증축할 예정으로 있다. 특히, 전시장 건축 구조에 있어 기둥이 없는 필라리스(pillar less) 전시장으로서 가동율을 높이고, 전시장 운영 및 케이터링(catering)을 포함한 제반 운영을 두바이 월드 트레이드 센터(Dubai World Trade Center)에서 맡아 기존 두바이 전시장과 자연스러운 공동 운영 형식을 띠게 된다.

두바이 레드 라인은 연장이 완료됐다. (출처: 넥스 블로그)

● **수송(Transportation)** = 레드(Red) 라인으로 연결되는 메트로가 엑스포에 맞춰 개통했다. 또한, 차량이 없이는 움직이기 어려운 환경에 맞춰 3만 2,000대의 차량을 주차할 수 있는 대형 주차장을 갖췄다. 두바이 엑스포는 '상하이 2010 엑스포'와 비슷한 규모지만, 방문객은 상하이의 3분의 1수준으로 예측하여, 수송 편의성 확보에 만전을 기했다.

지속가능한 문화 유산 (출처: 넥스 블로그)

● **레거시(Legacy)** = 엑스포 소주제 중 하나인 지속가능성의 취지에 걸맞게 엑스포가 끝난 후에도 대부분 주요 건물은 허물지 않는데, 과학관으로 개조하

여 사용하는 등 그대로 남겼다.

이번 엑스포의 핵심 키워드는 연결(Connection)이다. (출처: 엑스포 2020)

● **연결(connection)** = 엑스포장 메인 입구에는 알 와슬(al wasl)이라는 이름의 공공 공간(public area)이 구성됐다. 알 와슬은 '연결(connection)'이라는 의미이기도 하다.

환경이라고는 대부분 사막뿐인 척박한 땅에서 지속가능성을 이야기하고 또 실천하고자 하는 노력으로 늦게까지 정신없이 뛰어다닌 조직위의 모습을 보니 성공적인 엑스포 개최에 대한 열정이 느껴졌다.

시대적으로 어렵고, 또 지역적으로도 어려운 환경 속에서 어려운 주제로 풀어나간 엑스포였던 만큼 사막의 신기루처럼 사라지는 것이 아니라 연결되는 것이기를 바란다. 중동과 대한민국은 어떻게 '연결'될 것인가?

4) 친환경 국가를 꿈꾸는 COP 28

'COP'는 영어 'Conference of the Parties'의 약자로 전 세계가 모여 막대한 온실가스 배출량 감축을 약속하는 국제외교 회의이다. 1992년 유엔 환경개발 회의에서 체결한 기후변화협약의 구체적인 이행 방안을 논의하기 위해 매년 개최하고 있다.

차수	개최지	차수	개최지	차수	개최지	차수	개최지
1차	독일 베를린	8차	인도 뉴델리	15차	덴마크 코펜하겐	22차	모로코 마라케시
2차	스위스 제네바	9차	이탈리아 밀라노	16차	멕시코 칸쿤	23차	독일 본
3차	일본 교토	10차	아르헨티나 부에노스아이레스	17차	남아공 더반	24차	폴란드 카토비체
4차	아르헨티나 부에노스아이레스	11차	캐나다 몬트리올	18차	카타르 도하	25차	스페인 마드리드
5차	독일 본	12차	케냐 나이로비	19차	폴란드 바르샤바	26차	영국 글래스고
6차	네덜란드 헤이그	13차	인도네시아 발리	20차	페루 리마	27차	이집트 샤름엘세이크
7차	모로코 마라케시	14차	폴란드 포즈난	21차	프랑스 파리	28차	UAE

역대 COP 개최지

1995년 독일 베를린(Berlin)에서 처음으로 개최됐으며, 2020년 코로나19로 인해 개최되지 못한 것을 빼고는 매해 개최되고 있다. 코로나19 이후, 2021년에는 영국 글래스고(Glasgow)에서 개최된 바 있고, 2022년에는 이집트 샤름엘 셰이크(Sharm el-Sheikh)에서 개최되었다.

COP26 영국 글래스고
(출처: COP 홈페이지)

2023년에는 아랍에미리트(아랍에미리트)에서 11월 6일부터 11월 17일까지 개최 예정으로, 대한민국 정부에서도 그간 COP28 유치를 추진하며 경쟁을 벌였지만, 최종적으로는 아랍에미리트의 유치를 지지하기로 결정한 바 있고, 대한민국의 경우 COP 33 유치 방침을 선회하기도 했다.

아랍에미리트는 2050년까지 탄소 배출 제로를 달성하기 위해 전략적 이니셔티브를 발표하기도 하며, 기후 변화 협약에 대한 적극적인 동조와 응원을 하고 있다. 특히 아랍에미리트의 부대통령이자 두바이 통치자인 셰이크 모하메드 빈 라시드(Sheihk Mohammed bin Rashid)와 개최지 선정 당시, 아랍에미리트 대통령의 아들이자 아부다비 왕세자인 셰이크 모하메드 빈 자예드(Sheikh Mohamed bin Zayed)도 2023년 COP 개최지 선정을 크게 기뻐하는 트위터를 올리는 등 COP 28개최에 대해 매우 중요하게 인식하고 있다.

셰이크 모하메드 빈 라시드 트위터

셰이크 모하메드 빈 자예드 트위터

2022년 3월 31일 두바이 엑스포의 6개월간 여정이 끝났다. 엑스포 종료 후에도 대부분 주요 건물은 허물지 않는데, 과학관으로 개조해 사용하는 등 그대로 남기게 된다. 이를 통해 엑스포가 이룩한 물리적, 경제적, 사회적 명성을 지역 문화유산의 기반으로 삼을 계획이다. 막대한 예산을 투여해 추진한 엑스포를 치른 후 엑스포 레거시를 어떻게 활용할 것인가는 매우 중요한 이슈이다. 또한, 아랍에미리트 외교부에서는 환경에 대한 지속적인 관심으로 현재 그리고 미래 세대에 이르기까지 지구를 보호하고자 한다며, 2023년 열리는 COP28이 해결책을 찾는 COP가 될 수 있도록 하겠다는 다짐을 내비치기도 했다.

아랍에미리트의 이러한 고민과 움직임 속에서 한국은 친환경, 재생 에너지, 수소에너지 산업 협력에 있어 의미 있는 기회가 될 것으로 예상한다. 더불어, 한국의 온실가스 배출량 감축에 대한 지속적인 의지와 노력을 기대하는 바이다.

5) 두바이와 관광산업

두바이에서는 중동 아프리카 최초의 엑스포(EXPO 2020 DUBAI UAE)가 개최되었다. 대한민국에서도 많은 관계자가 코로나19로 해외 이동이 어려운 상황이었지만 조심스럽게 두바이를 찾고 있다. 특히, 두바이 엑스포뿐 아니라 아랍에미리트의 마이스(MICE) 관광산업에 관해 연구하고 벤치마킹하고자 자문을 요청하는 경우가 적지 않다. 이에, 아랍에미리트의 마이스(MICE) 관광산업에 대해 3가지 키워드로 소개하고자 한다.

▶ 산업 다각화

아랍에미리트의 수도인 아부다비(Abu dhabi)는 GDP의 50%를 차지하는 석유, 가스 산업의 의존도를 줄이고자 2008년 '아부다비 경제 비전 2030'을 수립하고 산업 다각화 정책을 적극적으로 추진하고 있다.

두바이(Dubai)는 아부다비와 달리 석유, 가스 자원이 거의 없어 일찍부터 무역, 관광, 서비스 산업을 중심으로 경제를 발전시켜왔고, 복합관광 개발 정책인 두바이 투어리즘 비전(Dubai Tourism Vision) 2020을 추진하는 등 연간 2천만 명의 관광객 유치 달성을 목표로 박물관, 테마파크 등의 복합단지를 개발하고 있다.

아랍에미리트 정부는 아부다비 역시 엔터테인먼트의 중심지로 활성화하고자 노력하고 있다.

[아부다비 국영 방송에서 한국과 아랍에미리트의 관계를 소개하다. 출처:아부다비 TV]

▶ 문화예술

2017년 루브르 아부다비(Louvre Abu Dhabi) 박물관의 개관을 시작으로, 건축가 프랭크 게리(Frank Gehry)가 설계한 2025년 완공 예정의 구겐하임을 비롯, 다양한 문화예술 시설이 아부다비 사디야트 섬 인근에 조성될 예정이다.

이 또한, 포스트 오일 시대를 대비하여 문화예술 산업 쪽으로 돌파구를 마련하고자 공을 많이 들이는 모습이다.

[아부다비 국영 방송에서 한국의 문화와 요리를 소개하다 출처:아부다비 TV]

⇐ 압둘라 사이프 알 누아이미 주한 아랍에미리트 대사님의 초청으로 대사관저에서 한국과 아랍에미레이트의 문화교류의 발전에 대해 논의했다.

▶ 관광산업

포스트 오일시대를 대비한 가장 대표적인 산업 중 하나가 관광산업이다. 아랍에미리트의 가장 대표적인 명소라고 한다면 세이크 자이드 그랜드 모스크(Sheikh Zayed Grand Mosque Center)인데, 이러한 종교적 공간을 문화체험 공간으로 각색하여 세계의 다양한 방문객을 끌어모으고 있다. 특히, 모든 여성 관광객에 전통복장을 착용시켜, 중동 문화를 체험하게 하는 동시에 전통복장을 한 사람들 모습 자체가 또 다른 경관이 되고 있다.

엑스포 2020 두바이(EXPO 2020 DUBAI UAE)를 개최하며 아랍에미리트의 많은 변화를 느낄 수 있다. 2022년 대한민국에서도 많은 참관객이 두바이와 아부다비를 방문했다. 엑스포뿐 아니라 중동의 다양한 모습을 다각도로 접할 수 있을 것이다. 중동 시장은 충분히 살펴봐야 할 가치가 있다.

코로나19로 인해 지난 3년간 대한민국의 여러 도시를 살펴볼 기회가 있었다. 마이스 관광 선진국 아랍에미리트와 견주어 본다면 대한민국은 비교할 수 없이 많은 것을 가지고 있다. 사막의 척박한 나라 아랍에미리트에서는 무에서 유를 창조했다. 이제 대한민국 천혜의 관광 콘텐츠 자원에 대해 관점을 바꿔야 할 때다.

⇦ 중동의 주요 공항에는 VIP 전용 패스트 트랙이 있다. 사진은 두바이 공항의 마하바(Marhaba) 서비스로, 일반인도 유료로 패스트 트랙을 사용하여 VIP 입출국을 할 수 있다.

[아랍에미리트의 한류 팬들과의 온라인 팬미팅 출처:아부다비 TV]

[아부다비 국영방송에서 한국의 영화와 콘텐츠를 소개하다 출처:아부다비 TV]

2. 카타르

⇧ 2006 카타르 도하 아시안 게임이 개최됐던 아스파이어 존(Aspire Zone)에 있는 항아리 나무 (Jar Tree)이다. 사막 지형에서 물이 없이도, 오래 생존하며 견딜 수 있는 나무다.

1) 카타르 산업과 관광

카타르는 사실 아랍에미리트에 비해 베일에 싸여 있는 느낌을 준다. 카타르는 이전에 두바이를 벤치마킹해서 제2의 마케팅 국가가 되고자 했었다. 그러나 이제 카타르는 아랍에미리트를 벤치마킹하는 것에 그치지 않고 독자적인 마케팅 국가로 발전해 가고 있다.

카타르의 주요 수입원은 석유와 천연가스이다. 이는 카타르에서 결코 빼놓을 수 없는 경제 엔진이자 2022 FIFA 카타르월드컵 개최를 위한 주 수입원으로 쓰이고 있다. 카타르 수출 품목 또한 주로 액화천연가스와 원유인데, 각각 수출의 60%와 30%의 비중을 차지하고 있다. 주요 수출국으로는 일본(28%), 한국(19%), 인도(11%)이며, 이때 대한민국이 주요 수출 국가라는 건 의미 있는 내용이다.

따라서, 카타르에서 가장 대표적인 기업을 꼽자면 카타르 페트롤리엄일 것이다. 카타르의 국영 석유회사로 세계에서 세 번째로 큰 석유회사이다. 카타르의 모든 석유와 가스를 컨트롤하고 있으며, CEO는 사드 쉐리다 알 카비(Saad Sherida Al-Kaabi), 카타르 에너지 장관을 역임하고 있다.

다음은 오릭스 GTL이다. 세계 최대의 LNG 수출국이지만 원유 생산량이 적

어 천연가스로 휘발유, 등유를 생산하는 GTL 공장이 필요해 만들어졌다.

카타르 가스는 세계 최대의 액화천연가스(LNG) 기업이다. 매년 7,700만 톤의 LNG를 생산 및 공급하고 있다. 2025년까지 연간 생산량을 1억 1천만 톤으로 늘리는 것을 목표로 하고 있다.

카타르 항공은 카타르의 국영 항공사이자 국책 항공사인데, 아무래도 일반인에게 카타르의 기업 하면 가장 먼저 떠오르는 곳이 카타르 항공일 것 같다. 세계적인 수준의 서비스와 항공 노선을 가지고 있다.

카타르 뮤지엄 내부
(출처: pulsenews)

카타르의 문화예술 쪽도 그냥 지나칠 수 없다. 바다와 맞닿아 있는 카타르 이슬라믹 아트 뮤지엄(Museum of Islamic Art)은 건축부터 카타르의 아이덴티티를 듬뿍 담았다. 고대 이슬람 건축의 영향을 받으면서도 현대적인 느낌을 가지고 있다. 이 박물관을 건축한 이오 밍 페이(I.M.Pei)는 설계를 위해 6개월 동안 이슬람 세계를 여행하기도 했다.

* **카타르 국립 박물관 (National Museum of Qatar)**

건축가 장누벨(Jean Nouvel)이 설계한 카타르 국립 박물관은 장미에서 영감을 받았다. 박물관에 입장하면 사막과 페르시아만의 자연사 전시, 베두인 문화 유물, 부족 전쟁에 대한 전시, 카타르 국가 수립 이야기, 그리고 석유 발견에 대한 전시를 순차적으로 볼 수 있다. 카타르의 문화와 유산 그리고 민족성을 보존하고 기념하기 위해 만들어졌다고 할 수 있다.

* **건축가 장 누벨의 도하타워**

⇧ 카타르 도하 시내의 낮과 밤이다.
도하의 낮은 첨단 건물의 집합체라면, 밤은 빛으로 그려낸 도시라는 생각이 든다.

장누벨이 설계한 또 하나의 건축물인 도하타워! 카타르를 상징하는 건물 중의 하나다.

* 카타르 도하 전시 컨벤션 센터 (Doha Exhibition and Convention Center)

(출처: https://www.decc.qa/visitors/ 카타르 도하 전시 컨벤션 센터 홈페이지)

그리고 그 근처에 위치한 카타르 도하 전시 컨벤션 센터! 카타르의 주요 전시는 모두 이곳에서 열린다.

* 시티센터몰 (City center mall Doha)

(출처: City center mall Doha 홈페이지)

이렇게 박물관, 미술관, 도하타워, 도하 전시컨벤션 센터, 도하몰 등 카타르의 수도인 도하 중심에는 집적되어 있는 볼거리가 많다.

2) 2022 FIFA 카타르월드컵

2022 카타르월드컵이 끝났다. 이로써 카타르는 중동 아프리카 최초의 월드컵을 치른 국가가 됐다. 이번 월드컵은 2022년 11월21일부터 12월18일까지 진행되었다. 한국에서는 물론 전 세계적으로도 많은 관심을 끌고 있는 카타르월드컵은 새로운 시도가 많이 행해졌는데, 월드컵 사상 최초로 가을, 겨울 시즌에 개최되는 점 또한 새롭다.

카타르 월드컵과 비인 스포츠 (출처: beinmediagroup)

중동 최초의 월드컵을 개최하는 국가, 카타르에 대해 알아보자.

국토 대부분이 사막이다. 영토는 대한민국 경기도 정도의 크기를 가지고 있지만, 풍부한 천연가스 등의 자원 부국으로 경제 수준과 복지 혜택이 높은 것으로 유명하다. 지역 특성상 여름에는 평균 30~40도 정도 기온을 가지고 있기 때문에, 경기장 냉방 시스템 시설에 대한 완벽한 구축을 약속하는 조건으로 월드컵 개최 허가를 받아 내기도 했다.

[카타르 수크 와키프(Souq Waqif) 골목에서 발견한 바퀴 굴리기 그림]
⇦ 마치, 대한민국의 1988 서울 올림픽 개막식때 굴렁쇠 굴리기(개막식 장면 중 굴렁쇠 소년의 모습)와 비슷한 느낌이다. 한국과 중동은 매사냥, 연날리기를 비롯해 여러 가지 공통문화들이 있다.

카타르에는 유네스코 세계문화유산으로 지정된 알 주바라(Al Zubarah)도 있다. 카타르 수도인 도하에서 105㎞ 정도 떨어진 곳에 위치한 폐허가 된 고대 요새인데, 카타르에서 가장 중요한 고고학 유적지다. 마을에는 유물을 전시해 둔 박물관과 마을 가이드 투어가 제공되고, 많은 학교가 이곳에 방문하는 것을 커리큘럼에 넣어 운영되고 있다.

⇧ 중동에서 유일하게 생산되는 열매인 데이츠는 중동 국가에서 매우 큰 의미를 가진다. 카타르 데이츠 박람회 전경이다. 중동에서 판매하는 다양한 데이츠(야자대추)를 전시하고 있다

⇑ 중동에서는 시리아 식당이 무척 인기가 있다.
대한민국에서는 호남 음식이 유명하듯 중동에서는 자연환경이 풍부한 시리아의 음식이 무척 유명하다.
다마스커스의 전통 악기를 수집하여 전시하고 있는 카타르의 유명 식당 '다마스카' 전경.

⇑ 좌) 올드 수크에는 전통 그림과 글씨 그리고 아름다운 등을 판매하고 있다.
아랍어 글자 자체를 캘리그라피(calligraphy)로 표현하여 예술 작품에도 널리 사용되고 있다.
⇨ 우) 생활 곳곳에 아라베스크(arabesque) 문양을 활용한 제품들이 많다. 이슬라믹 패턴을 응용한 것이 많은데, 사막 지형상 밤이 되면 칠흑같이 검다. 그 검은 공간을 채워주는 은은한 등은 정말 아름답다.

⇧ 카타르 정박장에 있는 다양한 요트들. 많은 파티들이 선상에서 이뤄지고 있다. 여성들만의 파티들도 많은데, 백색 요트에 검은색 아바야를 입은 여인들이 흑백의 조화를 이루며 파티를 하곤 한다.

중동 아프리카 최초의 월드컵과 같은 메가 이벤트를 계기로 중동의 산업과 문화예술을 깊이 있게 이해하고, 대한민국과 다양한 지점에서 더욱 활발하게 연결되기를 바란다.

⇧ 중동의 사막 지역에서는 많은 익스트림 스포츠가 있다.
그중에서 많이 하는 4륜 바이크는 가장 인기가 있는 스포츠 중 하나이다.

3) 카타르와 스타트업

QNB 그룹

　카타르 월드컵 종료 후 포스트 오일 시대를 대비한 카타르의 고민은 깊어지고 있는 시점이다. 카타르 국영 은행인 QNB는 카타르 최초의 상업 은행으로 설립됐는데 현재 카타르에서 가장 큰 은행이자 중동 및 아프리카 지역에서 가장 영향력 있는 금융기관 중 하나이다. 2013년 QNB그룹은 이집트에서 두 번째로 큰 민간 은행인 QNB 아흘리를 인수했고 2016년에는 터키 파이낸스뱅크 AŞ의 지분 99.88%를 인수했다.

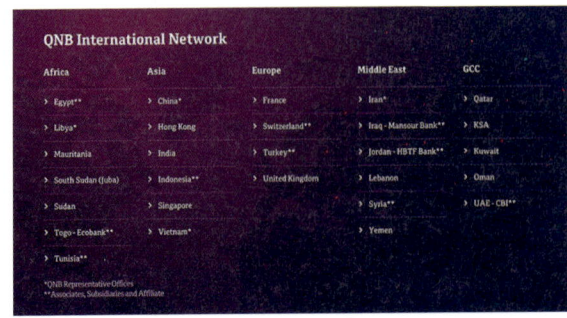

(출처: QNB 홈페이지)

또 토고에 본사를 둔 범아프리카 은행인 에코뱅크의 지분 20%, 요르단에 본사를 둔 HBTF, 아랍에미리트에 본사를 둔 CBI의 지분 40%를 인수하는 등 적극적인 글로벌 행보를 보인다. 이는 네트워크 확장을 통해 중동, 아프리카 및 동남아시아에서도 영향력을 미치는 글로벌 금융 플랫폼이 되겠다는 그룹의 비전을 위한 실행이다. 이 외에도 홍콩, 인도, 베트남 등에 지사를 세우기도 했다.

그룹은 자회사이자 투자사인 QNB 캐피털을 통해 카타르 및 글로벌 기업에 다양한 투자를 하고 있다. QNB 캐피털은 걸프협력회의(GCC) 지역에서 전문적인 기업 재무팀을 보유하고 인수합병, 주식 및 부채 자본시장, 프로젝트파이낸싱 등의 자문 서비스를 한다.

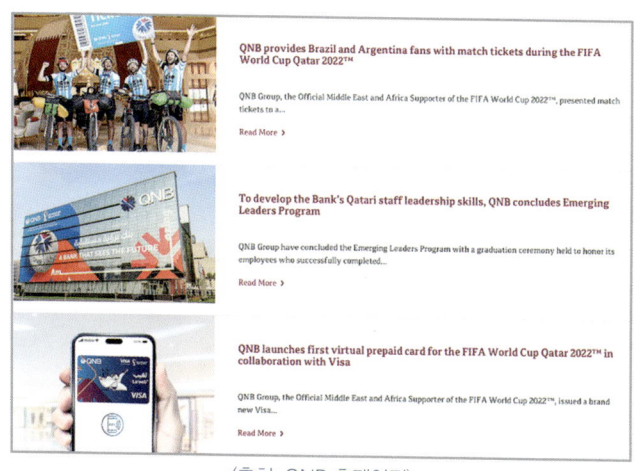

(출처: QNB 홈페이지)

이뿐만 아니라 QNB그룹은 다양한 지원 프로그램을 준비하고 있으며 글로벌 네트워킹, 스포츠 이벤트 후원 등 다양한 분야에서 영향력을 행사하고 있다. 이번 2022년 카타르 월드컵을 개최하면서 QNB도 월드컵 관련 서비스를 선보인 바 있다.

(출처: QBIC 홈페이지)

    QBIC는 카타르의 스타트업 지원과 기업 성장을 돕는 비즈니스 인큐베이션 센터다. 성장잠재력이 높은 스타트업 기업을 발굴하는 것을 목표로 하는 QBIC는 엑셀러레이팅 프로그램을 통해 창업가가 회사를 시작하고 성장시킬 수 있도록 지원한다. 스타트업 기업의 지원부터 기업 성장, 제조 관련 프로그램, 코칭 프로그램, 파트너를 찾아주는 프로그램 등 기업의 성장 단계에 맞춰 프로그램이 제공된다.

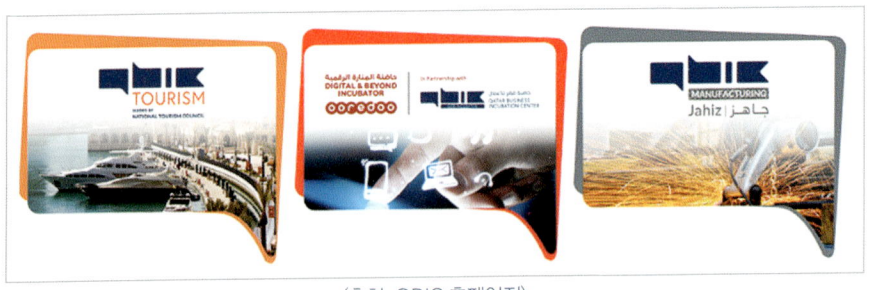

(출처: QBIC 홈페이지)

    또 다양한 분야의 전문 엑셀러레이팅 프로그램이 있는데 첫 번째는 카타르 관광청(QTA)과 함께하는 QBIC 관광 섹터다. 관광업 관련 비즈니스 아이디어를 관광상품 또는 서비스로 전환할 수 있도록 지원한다.

    두 번째는 디지털 앤드 비욘드 섹터(Digital & Beyond)이다. 카타르에 기반을 둔 유망한 기술 중심 신생 기업 및 중소기업을 지원하는 전문 인큐베이터다.

카타르의 차세대 혁신 비즈니스가 성장할 수 있도록 힘을 실어주는 전반적인 서포트와 자금 지원 솔루션을 통해 카타르에 성공 사례를 유치하는 것을 목표로 하고 있다.

⇧ 카타르의 대표적인 투자기관, MBK 홀딩스는 카타르의 통치자 가문이 세운 벤처 케피털사이다. 특히, 혁신 기술과 중소 스타트업 투자에 관심이 많다.

세 번째로는 카타르 내에서 제품을 제조하기 위해 노력하는 혁신적인 기업가를 지원하는 전문 제조 및 산업 인큐베이터다. 솔루션에는 교육 프로그램, 신생 기업을 위한 산업 워크숍, 식음료를 포함한 다양한 산업에 적합한 제조 시설 등이 포함된다.

(출처: QBIC 홈페이지)

이러한 전문적인 지원 외에도 인큐베이터는 기업이 스스로 자리를 잡고 성장할 수 있는 공간을 제공하고, 자금을 지원하고 있다. 또 멘토링 및 코칭을 통해 스타트업에 성장과 성공을 위한 지침을 제공하기도 한다.

카타르는 막대한 자본은 있지만, 기술 기반이 부족한 국가적 특성을 가지고 있다. 이는 대한민국 기업에는 매우 중요한 협력 포인트가 될 것이라 본다. 중동에 대한 흥미 위주의 관심보다는 더욱 현실적인 대응 전략에 따른 장기적인 협력을 권한다. 사실 비즈니스 측면으로 봤을 때도 중동은 매우 중요한 파트너이기 때문이다.

4) 카타르 국영방송국 알자지라(Al jazeera)

도하에 있는 알자지라 본사 전경이다
(출처: aljazeera)

알자지라(Al jazeera) 방송국은 카타르 도하에 있는 방송국으로 1996년 카타르 왕세자 하마드 빈 칼리파 알 타니(Hamad bin Khalifa Al Thani)에 의해 설립되었다.

알자지라 로고

현재는 아랍권을 대표하는 방송국으로 로고는 방송사 이름을 아랍어 필기체로 표현한 것인데, 알자지라는 아랍어로 섬을 의미하고, 이는 곧 아라비아반도를 뜻한다. 2006년 민간기업으로 변경되었고, 현재는 미디어 대기업인 Al jazeera Media Network가 운영하고 있다. 공익을 위한 민간기업으로 운영되고 있다고 할 수 있다.

    알자지라 방송국이 유명해진 계기는 911테러 당시 최초로 오사마 빈 라덴과 인터뷰했기 때문이다. 알자지라 방송국은 사전 검열이 심한 중동 내 방송국과 달리 최초로 언론의 자유를 내세운 방송국이기도 하다. 아프가니스탄 전쟁을 현장에서 생중계하기도 했다.

    이러한 알자지라는 공격의 타깃이 되기도 했는데, 2017년 카타르가 다른 아랍권 국가들과 외교적 문제를 겪고 있을 때 아랍권 국가들에게서 잠시 퇴출당하기도 했다.

    주변 아랍권 국가들의 맹비난에도 불구하고 있는 그대로의 모습을 보여주는 태도로 일관하였고, 그 결과 아랍권 내 가장 영향력 있는 방송국 중 하나가 되었다. CNN, BBC에서도 알자지라의 방송영상을 많이 사용하고 있으니.

    2006년부터 알자지라 잉글리시(Al jazeera English)를 시작했는데, 도하, 런던, 쿠알라룸푸르, 워싱턴 D.C에 방송센터를 두고 있다. 24시간 운영되는 뉴스 채널이다.

비인 스포츠 로고

    알자지라에 의해 설립된 알자지라 스포츠는 2013년 비인스포츠(beIN Sports)로 이름이 바뀌었으며 프리미어 리그에 대한 중계권을 확보하고 유명 축구리그를 독점 중계하고 있다.

    비인 스포츠는 2022년 FIFA 월드컵까지 1000일 동안 특별 쇼와 프로그램을 방송하겠다고 발표하기도 했다.

이번 카타르 월드컵 결승전은 아르헨티나 vs 프랑스, 메시 vs 네이마르 구도로 아주 흥미롭게 연출이 되었다. 결국, 아르헨티나가 우승하면서 라스트 댄스에 성공한 메시의 모습이 꽤 인상적이었다.

중동 지역에는 정말 다양한 방송국이 있고, 방송국마다 성격과 역할이 모두 다르다. 콘텐츠의 중동 진출을 위해서는 현지 미디어에 대해 잘 이해하고 있어야 하는데, 중동 현지 문화를 존중하는 것이 중요하다.

5) 카타르 로봇 축구대회

⇧ 중동 최초의 로봇 축구대회가 치러진 후, 많은 현지 방송국에서 특집방송으로 다뤘다. 특히, 아이들이 대한민국 로봇에 대해 열광하고, 열중하는 모습을 집중적으로 다뤘는데, 당시 1등 수상자에게는 상금과 함께 한국을 방문할 수 있는 특전이 주어졌다

2014년 중동 최초의 로봇축구대회가 카타르 도하에서 개최됐다. 카타르 과학관과 카타르 최고 교육 위원회(Qatar Supreme Education Council)가 협력하고 대한민국 산업자원부와 로봇산업진흥회 주관으로 개최되었다. 로봇 축구대회에 출전한 로봇 선수들은 모두 한국 로봇이었다.

⇧ 카타르 로봇 축구대회를 앞두고 참석한 학생들이 파이팅을 외친다.

로봇 축구대회에 참석한 아이들의 반응이 얼마나 뜨거웠는지 현지 방송(알자지라 방송, 알아얀 TV)에서도 특집 방송으로 편성하여 송출하기도 했는데, 아이들이 한국 로봇에 열광하고, 열중하는 모습이 그대로 방송이 되었다.

⇧ 좌) 카타르 로봇 축구대회 현지 신문기사.   ⇧ 위) 카타르 국립대학에서 PT 발표 중이다.

수상자에게는 상금과 대한민국을 방문할 수 있는 특전이 주어졌다. 이 로봇대회를 통해 한국 로봇업체가 중동 진출의 기회를 마련되기도 했다.

⇦ 카타르 로봇 축구대회에서 우승한 학생들이다. 우승자는 한국으로 초대하고 상금을 수여하기도 했다.

카타르는 중동 최초로 AI 로봇 "카멜"을 개발했다!

중동 지역은 2005년부터 전 세계의 로봇 기술을 수용하여 사회 각 분야에서 상용화를 시도하기 시작할 정도로 로봇의 도입에 적극적인 태도를 보였다. 그 중 카타르는 중동 최초의 AI 로봇 "카멜" 개발은 물론, 의료/제약 분야와 경찰 등 공공분야에서 로봇을 도입하고자 했다.

↑ 중동에서는 낙타를 어디에서나 쉽게 만날 수 있다.
낙타는 이들의 삶에서 매우 중요한 존재이자 친구이다. 심지어는 '낙타 미모 경연 대회'가 있기도 하다.

　카타르를 비롯하여 중동 지역에서 하는 게임인 낙타레이싱은 원래 어린아이들이 기수로 등장했는데, 몸집이 가벼울수록 빨리 나가기 때문에 어린아이들을 굶기는 행위가 만연했다. 아동학대를 근절하고자 정부는 18세 미만 기수를 금지했지만, 낙타 소유자들은 이를 거부했다. 그래서 카타르 정부는 로봇이 기수를 대체할 수 있도록 자금을 지원하게 된다.

　또한, 카타르는 자국의 알 와크라 병원과 하마드 종합 병원 내 로봇 수술과 로봇 약국 시스템 도입해 실행 중에 있기도 하다. 얼마 전 코로나19 환자의 수술을 로봇 수술로 대체했고, 성공적으로 끝마치기도 했다.

　로봇 산업을 포함한 첨단 혁신 기술 분야는 최근 중동 국가들의 탈석유화 정책에 박차를 가함에 따라 대부분 국가에서 긍정적인 관심을 보이고 있다. 이는 대부분의 노동력을 외국인 노동인구에 의존하는 중동 국가들의 특성상 향후 긍정적인 전망이 예측된다.

⇧ 대한민국 로봇에 대한 카타르 현지의 뜨거운 관심을 보여주는 기사이다.

가장 빠른 성장을 보이고 있는 로봇 시장은 물류 로봇 시장이다. 또 개인 및 가정용 로봇 시장은 향후 성장 규모가 가장 클 것으로 전망된다. 그 외에도 석유화학, 자동차, 교육, 의료, 금융 등 전 분야에 걸쳐 스마트 서비스에 대한 욕구와 필요성이 증가하고 있어 향후 해당 분야에서 로봇 산업의 성장이 기대된다.

Ⅳ. 콘텐츠로 본 중동

중동과 이슬람 문화에 대해 가장 쉽게 접하는 방법이 영상 콘텐츠라 생각한다.

물론, 일부 영상은 해당 지역이나 문화에 대한 이해 없이 제작되기도 하지만, 간접 경험을 하기에는 가장 좋은 수단일 것이다.

'콘텐츠로 본 중동'에서는 중동의 문화를 느낄 수 있거나 생각해볼 수 있는 콘텐츠를 소재로 다뤘다.

특히, 사막의 느낌으로 만들어진 영화 '듄'을 통해서는 현재의 중동 지역에 대해 비교해보면 좋겠다.

또한, 일부 지역에서는 아직 유지되고 있는 일부다처제를 다룬 영화 '샌드스톰', 시리아 난민 출신의 국가대표 수영선수들의 도전을 다룬 영화 '더 스위머스', 사우디아라비아 왕세자의 빅피처를 관광 콘텐츠로 풀어낸 '현지인 브리핑, 지금 우리나라는', 그리고, 사우디아라비아 출장자를 위한 영화들을 모아 봤다.

앞으로도 계속 업데이트해 보고 싶은 콘텐츠이기도 하다.

1. 영화 '듄'과 현재의 중동

[영화 〈듄〉 포스터 출처: 네이버]

영화 〈듄(Dune)〉은 10,191년 미래의 대서사를 다루고 있지만, 현재의 중동과도 무척 닮아있다. 특히 미래에 가장 필요하고 비싼 물질인 신성한 환각제 '스파이스'의 유일한 생산지로 사막 지대인 아라키스 행성이 나오는데, 이는 현재 가장 중요한 자원인 석유를 보유하고 있는 사막 지대 중동을 떠오르게 만든다.

▶ **문화융합**

영화 속에서는 사막 지대 아라키스 행성을 중심으로 다양한 행성 부족이 등장하는데, 주인공 아트레이데스 가문은 문화융합의 상징과도 같다.

특히, 동양적 인테리어와 스코틀랜드의 파이프 연주 등 다양한 문화가 어우러져 있다. 우선 주인공인 아트레이데스 가문의 후계자인 '폴'은 아트레이데스인 아버지 레토 공작과 베네 게세리트라는 여성 집단의 일원이었던 제시카 사이에서 태어났다. 출생 자체가 문화융합이지 않은가?

척박한 환경 속에서 극복하고 살아가는 아라키스 행성 프레맨들의 도움을 받아 전열을 가다듬기도 한다. 이들 프레맨들과의 대화에서는 문득 중동 수출 때 겪었던 일화가 오버랩된다.

실제로 중동에선 '기계들이 자주 먹통이 되고, 사람들도 그렇게 되기 마련'이다. 한국에서는 잘 작동됐던 첨단 장비가 중동 현지로 가져가 시험 운영할 때면 자주 오작동이 됐던 곳이 바로 그 사막이었다.

▶스파이스 = 석유

현대의 석유 자원 역시 언젠가는 고갈되는 한정적 천연자원이기 때문에 이를 차지하기 위한 전쟁이 불가피하다. 이곳에서 살아가는 사람들은 척박한 환경 속에서 살아남기 위해, 그들만의 생존 키트와 중요한 발명품을 개발하고 작은 생명체들과 공생하는 법을 체득하고 있다.

실제로 현대의 중동에서는 태양열 에너지를 사용하는 대체 에너지에 대한 개발에 무척 관심이 많다. 아랍에미리트 탄소 제로 시티인 마스다르에는 천연 에어컨 기능을 하는 건축 공법을 도입해 건물을 짓기도 하고, 시내에는 태양열을 이용한 주차 티켓을 재생 에너지로 활용하는 경우가 많다.

영화 속에 그려지는 사막복이나 생존 키트까지는 아니더라도 점점 척박한 환경이 되는 지구 곳곳을 위해 이런 제품들이 정말 필요하지 않을까 생각해 본다.

영화 속 미래 세계에서도 종교 전쟁으로 인한 모든 세계의 공멸을 예감한 주인공은 이를 막기 위해 필사적으로 노력하게 되는데, 마치 이 모습은 흡사 현재까지 분쟁 중인 여러 지역의 종교 분쟁을 떠오르게 한다.

'문화융합'이라는 것은 나와 다른 것을 받아들이고 또 이를 통한 인류의 공존을 위해 한발 더 나아가는 것임을, 그리고 8170년 이후의 미래 역시 그 고민이 현재와 크게 다르지 않다는 것을 알려주는 것만 같다.

지금 현재 이 시각 중동 미래의 상상을 현실적으로 보여주고자 하는 것이 바로 '2020 두바이 엑스포'다. 특히, 엑스포를 관통하는 주제인 기회, 이동과 지속가능성은 영화의 서사와도 잘 맞물린다.

2. 중동의 일부다처제를 다룬 영화 '샌드스톰'

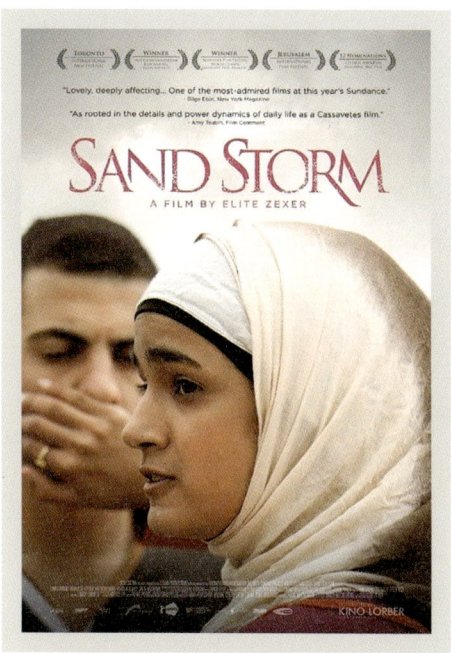

[영화 〈샌드스톰〉 포스터 출처 네이버]

〈샌드스톰(Sufat Chol)〉이라는 영화는 제목으로부터 오는 기대와는 다르게 그 어떤 모래 폭풍(Sand Storm)은 없다. 다만, 폭풍 같은 자유와 변화를 꿈꾸면서도 그 벽을 허물지 못하는 주인공 '라일라'의 스토리에 마음이 갔던 작품이다.

샌드스톰은 이스라엘 출신의 여성 일리트 젝세르가 감독으로 참여했는데, 일리트 젝세르 감독은 이스라엘의 일부다처제와 여군 등 이스라엘의 사회, 여성을 작품에 담아내는 감독이다.

영화는 이스라엘의 '베두인 마을'을 배경으로 한 영화로, 베두인은 아랍어로 '사막의 거주인'이라는 뜻을 담고 있다. 현대에도 아라비아 사막에서 유목 생활을 하며 씨족사회를 이루고 살아가는 민족을 이야기한다.

또 다른 주인공인 어머니 '자릴라'는 남편의 두 번째 결혼식 준비를 도맡아서 하게 되는데, 기분이 썩 좋지는 않다. 자릴라는 딸에게 항상 전통적인 삶을 강요하면서도, 한편으로는 더 나은 삶을 살기 바란다. 남편 '술래만'이 딸의 신랑감을 상의 없이 정하고, 또 결혼을 강요하는 것에 반대를 한다.

업무상 중동과 인연을 맺다 보면, 종종 현지 파트너 가족의 결혼식이나 대소사에 초대를 받을 기회가 있다. 과거 중동의 결혼식은 모스크와 같은 종교 시설에서 했지만, 현대에 들어서는 호텔이나 자택에서 하는 경우가 대부분이다. 중동의 결혼식은 보통 밤에 시작하여 새벽까지 진행한다.

카타르 파트너 자녀의 결혼식에 참가한 적이 있는데, 남성은 남성끼리, 여성은 여성끼리 따로 결혼식을 진행하는 것이 무척 이색적으로 느껴졌다.

또, 결혼식 입장 전에 모바일을 지참하지 못하게(사진 촬영 불가) 한 것도 무척 인상 깊었다. 여성들끼리 하는 결혼식이 과연 무슨 재미가 있을까 싶었지만, 몇 시간 동안 이어진 댄스파티에서의 여성들의 춤은 이성에게 잘 보이려 추는 매혹적인 춤이 아니라 무척 자유로운 춤사위에 가깝다. 또 그 어떤 카메라(모바일)가 없다 보니 해방감까지 느낄 수 있었다.

중동 업무를 하다 보면 일부다처(공식적으로는 4명)를 허용하는 문화에 대해 의견을 묻는 경우가 많은데, 워낙 척박한 환경 속(사막과 같은 삶과 죽음의 경계)에서 여러 아내와 가족을 돌보는 것을 이타적으로 보는 문화의 잔재라 보여진다.

다만 현대에 와서는 현대식 교육과 젊은 세대들에서는 일부일처를 고집하는 경우도 흔하게 접한다. 개인적 생각으로는 배우자가 4명이나 있어서 챙기고 돌봐야 하는 것은 무척 힘든 것 같다는 생각이 드는 지점이다.

3. 시리아 난민 수영선수들의 도전을 다룬 영화 '더스위머스'

시리아 내전 이전, 2007년부터 2010년까지 세 번 정도 시리아 다마스쿠스(Damascus)와 알레포(Aleppo)로 출장을 다녀온 적이 있다. 당시 시리아는 한국 대사관이 없는 데다가 (북한 대사관만 있었다) 한국인이 극소수였던 관계로 전통 시장인 수크(souk)에 가면 너무나 친절하게 자리도 양보해 주고, 심지어는 귀여운 기념품도 나눠 주시던 상인들의 미소가 기억난다.

시간이 흘러 내전 이후 자동차 부품 서플라이 체인이 무너지고 알레포의 부품 수입업체의 S.O.S로 자동차 부품을 소싱하러 다녔던 기억도 나는 곳.

시리아는 중동 지역의 터키, 이라크, 레바논, 요르단과 맞닿는 지역에 위치하고 있는 국가이다. 여느 중동 지역과 동일하게 아랍어를 사용하며, 대부분의 사람들이 무슬림이다. 하지만 아랍인, 쿠르드 족, 수니파, 시아파 등 다양한 종파와 인종이 섞여 있다. 이러한 국가 특성은 내전을 더욱 길게 만든 요인 중 하나다.

시리아는 현재 내전으로 인해 여행 금지 국가로 한국인들의 입국이 불허한 지역이 되었다. 2010년 중동 권역에 불어온 아랍의 봄은 시리아에도 영향을 끼쳤는데, 2011년 3월, 시리아의 바샤르 알 아사드 정권의 독재와 높은 실업률, 억압된 정치체제에 대해 반대하며 반정부 시위가 일어났다.

시리아 내 자유 시리아군, 극단주의 반군, 쿠르드 족, IS 등 여러 집단들이 다른 목표를 추구하게 되었고, 외부 국가들도 각자의 이익에 따라 서로 다른 집단을 지원하게 되며 11년의 긴 기간 동안 시리아의 겨울은 이어지고 있다.

GCC 주요국과 업무를 하다 보면 최고 책임자로 또는 실무 책임자로 시리아 출신의 사람들을 많이 만나게 되는데, 다마스쿠스의 쿠즈바리 거리와 추억을 이야기하면, 고향 사람을 대하듯 반가워해 주고, 물심양면으로 도와주었던 기억이 난다.

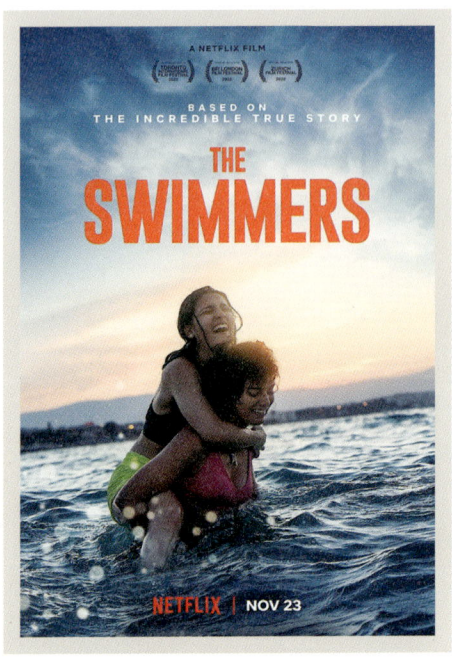

[〈더 스위머스〉 포스터 (출처:네이버)]

영화 〈더 스위머스: The Swimmers〉는 시리아 출신의 수영선수가 시리아 내전을 피해 우여곡절 끝에 올림픽에 출전하는 실화를 담고 있다.

주인공 사라, 유스라는 조난 후 구명보트에 의존하여 그리스 에게해를 건너 독일에 도착한다. 이후, 난민 올림픽 대표팀(R.O.T)으로 리우 올림픽에 출전하였고, 전 세계 난민들과 시리아에 큰 희망을 안겨준다.

실화를 바탕으로 구성된 영화라서, 또 여러 장면이 시리아에서 만났던 사람들과 장소가 떠올라 많은 생각을 하게 된다.

GCC를 이해하고자 한다면, GCC 국가뿐 아니라 주변 국가의 상황과 주요 레지던스 사람들에 대한 이해가 많이 필요하다는 것을 새삼 되새기게 된다. 또한, 아직 시리아를 비롯한 많은 국가들이 평화를 위한 목소리를 내고 있다. 그들에게도 따뜻한 봄과 함께 평화가 오기를 바란다.

4. 사우디아라비아 왕세자의 빅픽처 '현지인 브리핑, 지금 우리나라는'

최근 TV 방송 예능 '현지인 브리핑, 지금 우리나라는'에서 사우디아라비아를 소개했다.

'현지인 브리핑, 지금 우리나라는(지.우.나)'은 마치 KBS 시사 프로그램 '특파원보고 세계는 지금'을 떠오르게 하는 제목인데, 제목에서 알 수 있듯이 세계 각국의 현지인, 한국 연예인이 함께 출연하여 현지의 이슈, 문제점, 정치, 경제 방면으로 실상과 생생함을 전달한다. 단순한 여행 예능을 넘어서 시청자들도 스터디하고, 깊게 생각하게 되는 기행문이라는 생각이 드는 프로그램이다.

〈지.우.나〉 11화에서는 사우디아라비아를 '쉽게 허락되지 않았던 금단의 나라!'이자 2019년 관광객에게 오픈하며 베일을 벗은 국가라고 표현한다. 주제에 걸맞게 사우디아라비아의 변화와 관광 발전에 중점에 맞춰서 이야기는 흘러간다.

신화의 김동완과 현지의 모델 겸 인플루언서로 활약하고 있는 사드가 사우디 곳곳을 소개해 주는데, 사우디의 95년생 사드의 힙하고 트렌디한 모습뿐 아니라 사우디의 MZ 세대, 여성들도 변화를 받아들이고 있는 모습이 많이 나왔다.

〈리야드〉
첫 번째 기행은 리야드에서 시작된다. 리야드의 럭셔리 랜드마크 킹덤 센터와 테마파크 볼리바드를 방문하는데, 보수적인 사우디가 볼리바드와 같은 테마파크를 개설한 이유가 궁금해진다.

그 이유는 현재 사우디는 비전 2030에 따라 2030년까지 GDP의 10%를 관광수입으로 달성하기 위해 관광산업을 육성하고 있기 때문이다.

이러한 시도들은 기존 폐쇄적인 국가 이미지에 벗어나기 위한 노력일 것이다. 이러한 노력 때문인지, 젊은 세대들의 중심으로 빈 살만의 지지율이 91%라는 수치를 기록하였다.

〈사우디아라비아 세종학당〉
리야드의 프린스 술탄 대학교에 사우디아라비아에 최초로 세종학당이 들어섰다.

이곳에서는 현지인들을 대상으로 한국어 교육과 한국 문화체험 기회를 제공하고 있다. 사우디의 젊은 층이 한국 문화에 대하여 많은 관심을 가지고 있기 때문에 학생, 직장인 300여 명 이상이 수업 대기를 하고 있는 상황이다.

세종학당의 학생들이 〈지.우.나〉의 방문을 환영하며, 세종학당 합창단이 고향의 봄을 들려주는데, K-pop은 익히 사랑받는 것을 알았지만, 사우디 소녀들이 들려주는 고향의 봄을 들으며 잔잔한 감동을 느낀다. 기존 음악 문화를 터부시했던 사우디였지만, 음악으로도 변화를 느낄 수 있었다.

〈알울라〉
다음 목적지는 "알울라"다. 알울라 지역이 우리가 생각하는 '중동'의 이미지를 그대로 담고 있는 장소다.

광활한 사막과 정교한 바위 조각들, 바람과 빗물로만 만들어진 바위들은 자연의 위대함을 느끼게 해주는데, 자연이 선물해 준 코끼리 바위 앞에선 야외 카페를 이용할 수 있다. 이곳이 사우디 최고의 분.좋.카(분위기 좋은 카페).

사실 알울라 지역은 최근까지 숨겨졌던 장소이다. 알울라의 고대 유적들이 7세기 이슬람 국가가 설립되기 이전의 고대도시 유적이기 때문이다. 하지만, 빈 살만의 사우디 관광 육성을 위하여 알울라를 공개하고 마라야 콘서트홀, 마다인 살레, Banyantree, Habitas 등 최고급 리조트를 제공하고 있다.

그중 마다인 살레는 사우디아라비아의 최초로 유네스코 세계유산으로 인정받았다.

〈제다〉
제다는 리야드를 잇는 사우디아라비아의 두 번째 도시다. 제다는 홍해에 위치하고 있는 항구도시로 이슬람 성지인 메카와 메디나로 성지순례를 위해 방문하는 현대적인 상업 중심지다.

앞서 말한 리야드와는 사뭇 다른 분위기를 내는데, 항구와 관광지로서 외부의 영향으로 한결 자유로운 경제중심지로서 사우디에서 가장 개방적인 도시다.

세계에서 제일 높은 분수 킹 파드와 24년 완공될 세상에서 제일 높은 빌딩 제다 킹덤타워 등을 경험할 수 있다.

〈제다의 알 발라드〉
화려한 해변 도시와 구시가지가 공존하는 곳으로 구도심인 제다 알 발라드 지역은 마을 전체가 유네스코 세계문화유산에 등재되었다.

이곳은 기원전 6세기경부터 사람들이 거주하였으며 서부 해안 문명의 발상지다. 아직까지 중동 지역 고대 건축과 문화를 보존하고 있는 곳이다. 이렇게 제다를 끝으로 〈지.우.나〉 사우디아라비아 편이 마무리된다.

〈 사우디아라비아 무함마드 빈 살만 〉
무함마드 빈 살만의 정책으로 사우디아라비아의 외국인 관광객 수입은 21년

36억 달러에서 22년 141억 달러로 껑충 뛰며 4배에 가까운 성장을 기록하였다.

 아직은 낯선 나라 사우디아라비아, 짧은 영상과 여행으로 한 국가의 이면을 모두 볼 순 없지만, 자유로워 보이는 젊은이들, 변화를 받아들이는 시민들을 보며 사우디의 희망을 엿볼 수 있다. 사우디아라비아 비전 2030에 따라 GDP 10% 관광 수입 달성! 과연 사우디는 과연 성공할 수 있을까?

5. 사우디 출장자를 위한 영화

[영화 〈홀로그램포더킹〉 포스터 출처:네이버]

　사우디 출장 준비하는 출장자에게 영화나 콘텐츠를 추천하라고 한다면 〈홀로그램 포 더 킹〉을 말하고 싶다. 오래전 무심히 봤던 영화이지만 출장이라는 목적을 갖고 "사우디 비즈니스" 관점으로 다시 보니 무척 흥미롭다.

　톰행크스가 주인공으로 출연하는데, 사업 아이템을 사우디아라비아의 국왕에게 세일즈 하기 위해 고군분투하는 내용의 영화다. '사기'도 많고 '사막'도 많은 환경과 중동의 척박한 상황이 어처구니없게도 공감이 되고, 그 안에서 새로운 나를 발견하는 모습에 잔잔한 미소가 떠오르는 영화다.

[영화 〈아라비아의 로렌스〉 포스터 출처: 네이버]

오래된 명작으로는 〈아라비아의 로렌스〉란 작품도 있다. 〈홀로그램 포 더 킹〉에서도 아라비아의 로렌스에 나왔던 대사를 인용한다. 다만, 젊은 직원들은 세대 차이(!) 때문인지 전혀 이해하지 못하고, 이를 재미있게 영화에선 다룬다.

〈아라비아의 로렌스〉는 1962년 작품이기 때문에 정말 고전 영화이지만, 사우디 사막을 아주 잘 담아낸 영화로 중동의 근현대사의 느낌을 볼 수 있다. 4시간의 긴 러닝타임이니, 작정하고 차분히 감상해야 한다.

사우디아라비아와 미국 관계를 관통하는 영화 〈시리아나 Syriana 2006〉라는 영화도 있다. 변호사, CIA 요원, 에너지 분석가의 이야기다. 조지 클루니와 맷데이먼 주연으로 미국의 시선에서 사우디와의 관계를 꽤 자각적으로 분석하며, 솔직하고 적나라하게 자기 고백하는 영화이다.

또, 〈킹덤〉이란 영화는 사우디아라비아 아람코의 설립 배경과 사우디 미국 간의 석유 그리고 테러에 관한 이야기를 담고 있다. 인트로에 사우디와 미국 관계가 축약되어 나와 아주 쉽게 이해할 수 있다. 참, 촬영은 사우디가 아니라 아부다비에서 했다.

이렇게 출장 전에 사우디를 이해하기 위해 영화로 먼저 사우디를 만나보았다. 막대한 오일머니를 가지고 세계 강대국을 상대해온 사우디, 그리고 사우디의 발전 가능성을 잡기 위해 사우디의 문을 두드리는 많은 국가들. 확실히 복잡하고 어려운 국제관계를 가지고 있다는 것을 다시 한번 느낀다.

필름 사우디(Film Saudi) (출처: 필름 사우디(Film Saudi) 홈페이지)

사우디 관련 영화를 보다 보면 사우디의 '영화 산업'은 어떤지 궁금해진다. 사우디 영화위원회(Saudi Film Commission, SFC)에서 새로운 플랫폼 '필름 사우디'를 발표했다.

사우디에서는 영화 제작비의 최대 40%를 지원받을 수 있다. 사우디에서 영화를 제작하는 제작사들은 모두 지원을 신청할 수 있다.

Film Saudi
We offer up to 40% cash rebate on film production costs in Saudi Arabia.
film.sa

사우디가 문화 부문에서도 큰 도약을 꿈꾸고 있다는 것을 알 수 있다. K-콘텐츠 제작으로 많은 노하우로 무장한 대한민국이 단순히 콘텐츠 수출뿐 아니라, 제작 영역에서까지 함께 발전하기를 응원한다.

'아라비아의 로렌스'의 명대사로 이 글을 마친다.

사막에서 낙타를 움직이게 하는 소리다. 바로 "핫! 핫! 핫!"
핫. 덥지만
핫. 핫한 이곳!
핫. 지금! 출발.

> **사막을 건너려면
> 친구를 선택하라**